GUÍA BÁSICA DE LA CRÍTICA LITERARIA Y EL TRABAJO DE INVESTIGACIÓN

FRIEDA H. BLACKWELL
PAUL E. LARSON
Baylor University

Revisión estilística de
ÁNGEL FRANCISCO SÁNCHEZ ESCOBAR
en colaboración con
JESÚS CASADO RODRIGO
Universidad de Sevilla, España

Dibujos de
FREDERICK MARCHMAN
Faulkner State College

THOMSON
━━━━━━✳━━━━━━ ™
HEINLE

Australia ■ Brazil ■ Canada ■ Mexico ■ Singapore ■ Spain
United Kingdom ■ United States

THOMSON

★

HEINLE

Guía básica de la crítica literaria y el trabajo de investigación
Frieda H. Blackwell / Paul E. Larson

Editor in Chief: *PJ Boardman*
Senior Acquisitions Editor: *Helen Alejandra Richardson*
Assistant Editor: *Meg Grebenc*
Editorial Assistant: *Natasha Ranjan*
Executive Marketing Manager: *Stacy Best*
Marketing Manager: *Lindsey Richardson*
Senior Marketing Assistant: *Marla Nasser*
Senior Marketing Communications Manager: *Stacey Purviance*
Associate Content Project Manager: *Jennifer Kostka*
Print Buyer: *Betsy Donaghey*
Text Permissions Manager: *Ron Montgomery*

Production Service/Compositor: *Interactive Composition Corporation*
Text Designer: *Glenna Collett*
Photo Manager: *Sheri Blaney*
Cover Designer: *DuttonandSherman.com*
Text/Cover Printer: *Thomson West*
Cover Photos:
   Background: © *Bridgeman Art Library*
   TL: © *Reuters/Corbis*
   TR: © *Bridgeman Art Library*
   2nd row: © *Colita/Corbis*
   3rd row: © *Bettmann/Corbis*
   BL: © *AP Wide World Photos*
   BR: © *Bridgeman Art Library*

Thomson Higher Education
25 Thomson Place
Boston, MA 02210-1202
USA

For more information about our products, contact us at:
**Thomson Learning
Academic Resource Center
1-800-423-0563**
For permission to use material from this text, submit a request online at
http://www.thomsonrights.com
Any additional questions about permissions can be submitted by e-mail to
thomsonrights@thomson.com

Printed in the United States of America
2 3 4 5 6 7 10 09 08 07

ISBN-13: 978-1-4130-1468-6
ISBN-10: 1-4130-1468-2

Library of Congress Control Number:
2006905618

CONTENIDS

Prólogo   vii

Capítulo 1 RASGOS DE LOS BUENOS LECTORES Y SUS PREGUNTAS CLAVE, O CÓMO EMPEZAR A PENSAR DE UNA MANERA CRÍTICA   1

Capítulo 2 TEORÍAS LITERARIAS, O MODOS DE INVESTIGACIÓN LITERARIA   13

Capítulo 3   EL TRABAJO DE INVESTIGACIÓN EN LITERATURA   39

Capítulo 4   ELEMENTOS DEL TRABAJO DE INVESTIGACIÓN O DEL ENSAYO LITERARIO   49

Capítulo 5   GLOSARIO DE TÉRMINOS LITERARIOS   61

PRÓLOGO

El presente manual se dirige especialmente, aunque no exclusivamente, a estudiantes universitarios de literatura hispánica con el fin de introducirlos en el mundo de la crítica literaria, con lo que ello conlleva de acercamiento lector a textos en español y de su análisis literario. Los principios de organización y de análisis crítico pueden aplicarse a cualquier disciplina o campo de estudios. Existe una íntima relación entre lectura y escritura, entre nuestra aproximación crítica a un texto y la expresión por escrito de nuestros pensamientos y sus conclusiones de una forma que resulte coherente, organizada y accesible a otros lectores. Podríamos decir que leer, escribir y pensar son como trillizos que deben estar en el centro de toda actividad académica e intelectual.

Esta *Guía básica* tiene dos partes principales divididas en cuatro capítulos: la primera (**Capítulos 1 y 2**), centrada en el proceso lector y de crítica literaria, y la segunda (**Capítulos 3 y 4**), centrada en el proceso escritor. Lo normal en el tercer y cuarto curso de literatura es que se dedique la mayor parte del tiempo a la lectura de textos literarios y se requiera a los estudiantes que escriban un trabajo de investigación o ensayo literario con la apropiada documentación bibliográfica. Sin embargo, muchos de ellos tienen una comprensión muy limitada de lo que significa leer y analizar un texto, y sólo logran identificar elementos en su plano más literal. Esto es debido a que desconocen los principales modos de investigación literaria usados hoy en día en los mismos artículos y libros que consultan en sus propias investigaciones. Además, en muchos casos, no han escrito un trabajo de investigación desde sus primeros cursos de inglés en la universidad y necesitan repasar sus aspectos formales. Es nuestra intención con este manual guiarlos para que puedan dar el paso desde ese nivel de análisis literal a otro más profundo.

Así pues, en el **Capítulo 1** estudiamos el proceso lector, incluyendo diferentes tipos de preguntas necesarias para poder comprender un texto literario adecuadamente, ya sea de narración, poesía, teatro o ensayo. Tras éste, en el **Capítulo 2**, y con el fin de realizar un análisis en profundidad de dicho texto, nos acercamos a los distintos modelos y teorías de investigación literaria usados por los profesionales en la materia. El fin de cualquiera de ellos es ampliar el entendimiento de la obra en particular y de la literatura en general, tratando, paradójicamente, de simplificar la complejidad del hecho literario. Si bien es cierto que hay, a veces, contradicciones al igual que similitudes entre ellos, ello no quiere decir que uno sea mejor o más válido que el otro.

Tras la lectura y el acercamiento a los distintos modelos de investigación literaria, pasaremos, en el **Capítulo 3,** al análisis de los aspectos formales y documentales del trabajo de investigación. En este capítulo veremos cómo se elige un tema de investigación, cómo se formula una tesis y cómo se lleva a cabo la investigación en sí, con el fin de que el estudiante o la estudiante, como cualquier profesional de la literatura, sea capaz de ofrecer su propio análisis de algún aspecto del texto de una forma clara y fundamentada. En este capítulo también se explican las reglas para las citas bibliográficas con el fin de documentar las fuentes de las que se haya hecho uso y evitar el plagio.[1] Así pues, en el cuarto capítulo explicamos las partes principales del trabajo de investigación y lo que cada parte debe incluir, sin querer con ello limitar la creatividad de los estudiantes. Nuestro objetivo es que éstos puedan usar su libertad creativa una vez que hayan aprendido los elementos esenciales para la investigación literaria. Además, se menciona la importancia de revisar los trabajos de investigación para evitar errores de gramática, ortografía y puntuación.[2] Posteriormente, ofrecemos unos ejemplos de ensayos literarios escritos por estudiantes de universidades estadounidenses para los cursos de literatura hispánica de tercer año. Tales ensayos, fruto de un encomendable esfuerzo, representan la culminación del proceso de lectura y escritura descrito a lo largo de esta *Guía básica.*

Como todo ámbito de estudio tiene su vocabulario característico, en el **Capítulo 5** y último, presentamos un breve glosario de términos críticos literarios en conexión con los géneros literarios mencionados en esta guía y que corresponden a los más estudiados en cursos de literatura hispánica: narración, poesía, teatro y ensayo. Hemos puesto un énfasis especial en los términos que suelen causar problemas a los angloparlantes. Creemos que con esta *Guía básica* los estudiantes podrán embarcarse en su propia trayectoria personal como investigadores en el campo de la literatura hispánica.

La idea para este libro nació de nuestras experiencias de más de diez años como profesores de literatura hispánica. En los primeros años, utilizamos un libro sumamente útil, *A Guide to Literary Criticism and Research* de Bonnie Klomp Stevens y Larry L. Stewart (New York: Harcourt Brace College Publishers, 1966), como complemento de la antología literaria estudiada. Era un

---

[1] Hoy en día en muchas universidades los profesores les piden a los estudiantes que envíen sus trabajos a alguna dirección de la red electrónica para la aplicación de un programa electrónico que determina si tiene partes plagiadas. Una de las más conocidas es "Turnitin" (http://www.turnitin.com). Aquí se revisa el trabajo y se determina si algunas de sus partes constituyen un plagio, ya sea de otras fuentes de información o de trabajos ya escritos por otros estudiantes para alguna clase.

[2] El uso de recursos informáticos como *Atajo 4.0,* que incluye un diccionario y conceptos gramaticales, puede lograr que los estudiantes no cometan algunos de estos errores.

libro excelente porque incluía una primera parte sobre la crítica literaria y una segunda parte sobre la investigación literaria y sobre la forma de escribir un ensayo literario o un trabajo de investigación. Pero dejaron de publicarlo hace varios años. Tuvimos, pues, la necesidad de proporcionar a nuestros alumnos una información similar, y nos pusimos manos a la obra, utilizando *A Guide* como inspiración para nuestro libro. Sin embargo, por útil que dicho manual fuera, estaba en inglés y era difícil utilizarlo en una clase enseñada en español. Nos resultaba arduo analizar en clase los temas de este manual sin el vocabulario necesario en lengua española. Ni siquiera nuestros mejores alumnos de tercer año de español saben decir "structuralism", "outline", "interlibrary loan" u otras expresiones de esta índole en español. Incluso recibimos quejas de varios estudiantes porque les resultaba difícil leer en inglés y comentar en clase, en español, lo que habían leído. Además, todos los ejemplos que aparecen en *A Guide*, lógicamente, procedían de la literatura escrita en inglés, y a algunos estudiantes les era complicado transferir el conocimiento obtenido a sus lecturas de textos en español. Así que, queriendo exponer al estudiante una gran diversidad de autores, épocas y obras, hemos utilizado ejemplos de toda la literatura escrita en español, tanto de España como de Hispanoamérica, y de todos los períodos, desde la época medieval hasta hoy. Esperamos así que nuestra *Guía básica* sirva para complementar cualquiera antología o colección de textos literarios que se utilicen en cursos de literatura hispánica.

Lo que de verdad necesitábamos era un libro parecido a *Cómo se comenta un texto literario* de Fernándo Lázaro Carreter y Evaristo Correa Calderón (Madrid: Cátedra, 2003) pero orientado hacia las especiales necesidades y dificultades de los estudiantes de habla inglesa. Sin embargo, aunque este manual de Carreter y Correa es muy útil, no da un resumen de las teorías de crítica literaria ni de cómo llevar a cabo una investigación literaria ni de cómo organizar un trabajo de investigación. En cierto modo, queríamos crear una guía con el espíritu del bien conocido libro *The Elements of Style* de William Strunk, Jr., y E. B. White (New York: MacMillian, 1972), por ser breve, conciso y manejable. Era también nuestra intención escribir algo claro y fácil de comprender que pudiera servir de punto de partida para estudiantes universitarios al comienzo de sus estudios literarios y de repaso a los más avanzados. Es posible que nuestro enfoque pueda parecer simplista a los expertos; sin embargo, sabemos por experiencia que los estudiantes tienen una perspectiva diferente.

Sin dejar de reconocer la dificultad que entraña el análisis literario, queremos añadir que a través de éste se consigue el beneficio de conocer otras culturas y otras formas de pensar y de sentir. Con ello llegamos a conocernos mejor y a darnos cuenta de que formamos parte de una gran familia de seres humanos. Gonzalo Torrente Ballester, un novelista español contemporáneo, comentaba que en muchos casos, la literatura es más verdad que la misma realidad. El gran filósofo español Miguel de Unamuno escribió en *San Manuel Bueno, mártir,* que la novela es la historia "más verdad", y sus palabras pueden aplicarse a la literatura en general. La literatura puede ayudarnos a experimentar la vida en países lejanos, en mundos imaginarios, y en épocas históricas que de otro modo nunca llegaríamos a experimentar, y lo podemos hacer sin salir de casa. Hasta la literatura más fantástica puede darnos lecciones sobre la realidad. La palabra tiene poder, puede captar, a veces transformar e incluso crear la realidad dentro de la mente, la imaginación y el corazón.

Esperamos que todo aquel que lea esta *Guía básica* y la utilice en sus estudios literarios pueda llegar a experimentar, tal como nosotros, sus autores, hemos experimentado, el placer y el gozo de acercarse con entusiasmo a una obra de teatro, a una novela, a un cuento, a un ensayo literario o a un poema en español.

Agradecimientos

Quisiéramos expresar nuestra gratitud por su ayuda de incalculable valor a nuestros compañeros del Departamento de Idiomas Extranjeros de Baylor, como Baudelio Garza, Guillermo García-Corales y Julio Jiménez, que nos hicieron el favor de leer partes del manuscrito. También estamos agradecidos por el apoyo de nuestros jefes, Michael D. Thomas, director de la división de español y portugués, y Manuel Ortuño, jefe del Departamento de Idiomas Extranjeros en este empeño. Nuestro amigo Ángel Francisco Sánchez Escobar, catedrático de la Universidad de Sevilla, de verdad debe tener su nombre en la lista de autores dado que nos ha ofrecido una colaboración enorme al leer, reescribir, sugerir, revisar y releer el manuscrito, y hacerlo circular entre sus compañeros de trabajo en la Universidad de Sevilla para sus comentarios. Pedir tal ayuda de un amigo es pedir mucho. Queda claro que también hemos contraído una gran deuda afectiva con nuestras parejas, Michael Welhausen y Pilar Rodríguez, por la paciencia que han demostrado durante todo el proceso de redacción del libro. Aunque escribimos esta *Guía básica* principalmente para el uso de nuestros estudiantes, reconocemos que hemos aprendido mucho de esos mismos estudiantes que nos incentivaron a escribirla. Especialmente, queremos darles las gracias a los estudiantes que nos dieron permiso para usar sus ensayos como ejemplos: Sarah Apffel, Kari Collins Clark, Ty Leete y Lanie Millar. No quedarían completos estos agradecimientos sin mencionar la ayuda y el apoyo de nuestra editora, Helen Alejandra Richardson Jaramillo, Jennifer Kostka, la casa editorial de Thomson Heinle y Lynn Lustberg a ICC. Expresamos además nuestra gratitud a esos profesores de otras universidades que sirvieron de lectores y críticos y nos mandaron sus comentarios y sugerencias para nuestra *Guía básica.*

Ningún libro es la labor de una sola persona, sino que representa un esfuerzo conjunto. Es por ello que expresamos nuestro agradecimiento a todos los que nos han apoyado en dicho esfuerzo. Mil gracias.

Andrew Gordon, *Mesa State College*

Brent Carbajal, *Western Washington University*

Robert Hershberger, *DePauw University*

Erika Sutherland, *Muhlenberg College*

Elena Olazagasti-Segovia, *Vanderbilt University*

Norma López-Burton, *University of California, Davis*

Raquel Chang-Rodríguez, *The City University of New York–Graduate Center*

Raquel Halty, *Simmons College*

Sharon Robinson, *Lynchburg College*

Capítulo 1

RASGOS DE LOS BUENOS LECTORES Y SUS PREGUNTAS CLAVE, O CÓMO EMPEZAR A PENSAR DE UNA MANERA CRÍTICA

Si está leyendo este manual, puede ser que desee acercarse a la literatura de manera crítica, que sencillamente le guste la literatura y quiera saber más sobre las obras que lee, o porque forma parte de sus responsabilidades universitarias. Cualquiera que sean las razones que le traigan al texto literario, el punto de partida es leer bien. Todo crítico literario es a la vez un buen lector.[1] Y a todo aficionado a la literatura o a todo estudiante de literatura le gusta ser un buen lector. Está claro que a estas alturas ya sabrá leer las palabras de una página en español—a veces con la ayuda del diccionario. Sin embargo, el trabajo de los críticos literarios es ir más allá de las palabras y de su significado literal. Ser un buen lector supone empezar a pensar de forma crítica y analítica, y, al mismo tiempo, saber formular una serie de preguntas respecto al texto literario y buscar las respuestas pertinentes. Éste es el proceso inicial de la crítica literaria.

---

[1] O "buena lectora." Este libro va dirigido a lectores de ambos sexos, pero reconocemos que intentar incluir expresiones como el/la estudiante, lector/lectora, autor/autora, escritor/escritora, profesor/profesora, alumno/alumna puede dificultar su lectura y el fluir natural de discurso. Hay un gran debate en el mundo académico sobre el problema de género intrínseco en la lengua misma. Aunque hay quienes insisten en que el género es una cuestión puramente gramatical sin implicaciones sexistas, hay otras muchas que creen que con el uso de la forma masculina excluye el género femenino. (Véase http://www.fmujeresprogresistas.org/pdf/lenguajesex.pdf). Sin embargo, puede resultar confuso citar constantemente las formas masculinas y femeninas. Es por ello que alternamos dentro de lo posible ambas formas para que toda persona pueda sentirse aludida.

1.1 Características del buen lector

El buen lector tiene las siguientes características:

- El buen lector ha de prestar atención a lo que lee, es decir, al contenido o a la materia que presenta el texto, y a cómo se lee, es decir, a la forma de aproximarse a la materia (Callaghan xiii).

- El buen lector sabe que cada texto requiere su propia forma de análisis literario. Esto conlleva ir a un nivel más profundo del texto tras su comprensión lectora y comenzar un proceso de interrelación de sus diversos aspectos (Callaghan xiv).

- El buen lector reconoce que los escritores escriben desde cierta perspectiva y con un determinado propósito; por lo tanto, parte del trabajo del lector consiste en identificar tal perspectiva y propósito. El buen lector también sabe que los escritores utilizan una gran variedad de recursos lingüísticos y retóricos para llevar su mensaje a la lectora y que ha de identificar dichos recursos para conocer el texto (Callaghan xv).

1.2 Aptitudes del buen lector

Hay muchas formas de explicar lo que significa "pensar de una manera crítica o analítica" en referencia a un texto literario, pero podríamos decir que todas, como rasgo común, hacen alusión a ciertas aptitudes y perspectivas ante éste. Por lo general, el lector que se acerca a un texto de manera crítica es capaz de resolver los problemas que un texto le puede plantear, de definir sus objetivos referentes al texto, de acercarse a éste con la mente abierta, de utilizar sus propias experiencias y conocimientos en la lectura y de aplicar estos conocimientos para aceptar o rechazar nuevos conceptos y llegar a conclusiones lógicas.

1.3 Ideas y experiencias previas al acercarse a un texto literario

Muchas veces, cuando comenzamos a leer, tenemos la idea equivocada de que hay *una sola* interpretación o de que el texto tiene *un solo* significado, pero puede haber más de una interpretación que se derive del mismo texto. A veces, también, si terminamos nuestra lectura y tenemos preguntas sobre ésta, nos parece que no hemos sido capaces de comprenderla; sin embargo, estas mismas preguntas nos hacen ser mejores lectores porque nos pueden servir de punto de partida para nuestro ejercicio crítico y analítico ante un texto. Son estas preguntas, como comentaremos en el próximo capítulo, las que nos van a servir de guía en nuestro acercamiento al texto literario.

Para formular estas preguntas, el lector cualificado ha de saber reconocer tanto las circunstancias personales e históricas del escritor como las suyas propias, porque éstas van a determinar su forma de percibir la obra. Si, por ejemplo, nos aproximamos a un escritor medieval, su forma de concebir las relaciones entre hombres y mujeres contrastará con la que tenemos hoy en día tras varias décadas de lucha para conseguir más derechos para la mujer. Así, cuando leemos "Lo que aconteció a un mancebo que se casó con una mujer muy fiera", un cuento de la colección *El Conde Lucanor* por el escritor medieval Don Juan Manuel, tenemos que reconocer que su idea del matrimonio y del papel sumiso de la mujer difiere sobremanera de la que aceptamos hoy en día. Además, tenemos que reconocer que existían prejuicios culturales por parte de los cristianos hacia los musulmanes que matizan la presentación de los personajes.

Otro ejemplo lo tenemos en la Guerra de 1898 entre los Estados Unidos y España. Los libros de historia escritos en los Estados Unidos lo suelen llamar "a splendid little war"[2] y dedican muy pocas páginas al conflicto; sin embargo, en los libros de historia escritos en España se suele definir esta guerra como "el gran desastre" o algo parecido. Los libros de historia de Cuba presentan este mismo conflicto como una guerra para obtener la independencia de su país. Obviamente, la perspectiva del autor y su nacionalidad van a determinar cómo se interpreta el conflicto entre España y los Estados Unidos en Cuba en 1898. Está claro que la "historia" es algo más que una enumeración de fechas y datos sobre un suceso: es interpretación. Ser buen lector es también, por lo tanto, saber darse cuenta de la red de significados que parte no solamente del texto sino de nosotros mismos como personas con nuestras propias experiencias personales, y como herederos de nuestra propia cultura.

Así pues, es importante leer el texto en el plano más literal primero y, luego, examinarlo en su contexto. También debemos ser capaces de identificar nuestra reacción emocional al texto, porque el proceso lector es algo muy personal y puede afectarnos de muchas maneras. No obstante, una vez que hayamos reaccionado de forma emocional al texto, debemos empezar a observarlo de manera más objetiva y analítica con el fin de apreciar otros aspectos del texto y de profundizar nuestra comprensión de éste. Hay que añadir que cada vez que volvemos a leer una gran obra literaria, más capaces seremos de descubrir más de sus cualidades, ya que veremos aspectos de ésta que fuimos incapaces de ver en una primera lectura. De igual manera, cada lectura de una obra literaria podrá también tener de forma diferente un impacto sobre nuestras emociones si ya es diferente nuestro nivel de madurez de cuando la leímos por primera vez.

---

[2] La expresión "a splendid little war" apareció por primera vez en una carta de John Milton Hay al Presidente Theodore Roosevelt, y rápidamente llegó a ser el lema estadounidense para referirse a la guerra en Cuba.

1.4 Estrategias para acercarse a un texto de una manera crítica

Pero además de identificar la perspectiva desde la que escribe un escritor y nuestras propias experiencias vivenciales y culturales, tendremos que fijarnos en otros aspectos del texto si queremos acercarnos a éste de una manera crítica. Podemos empezar este proceso aplicando una serie de estrategias que nos van a guiar en la realización de muchas preguntas sobre lo que hayamos leído. Patsy Callaghan ofrece la lista siguiente de infinitivos, a la que agregamos una explicación:

- Enfocar, es decir, definir el problema y establecer objetivos. A veces se trata simplemente de ser capaz de formular la pregunta a la que queremos dar una respuesta.

- Recoger información, es decir, buscar lo que han dicho otras personas que también quisieron responder a esa pregunta.

- Recordar, es decir, ser consciente de la información que poseemos respecto al tema de investigación.

- Organizar, que generalmente conlleva ir desde lo más general a lo más específico.

- Analizar, es decir, tratar de identificar las ideas principales que surgen de la investigación e identificar los errores en la información acumulada.

- Producir algo, es decir, inferir, sacar conclusiones, elaborar ideas.

- Integrar, es decir, resumir, hacer conexiones, especialmente entre la obra que acabamos de leer y lo leído con anterioridad.

- Evaluar, es decir, llegar a una conclusión lógica tomando en cuenta toda la información recogida (xiv).

1.5 Preguntas que formulamos sobre una obra de literatura

Como se ha observado antes, si tras nuestra lectura tenemos preguntas, no es que seamos unos malos lectores, sino que hemos empezado a leer y pensar de una manera más crítica o analítica y a convertirnos en buenos lectores. De aquí a convertirnos en buenos críticos literarios hay un paso. Sin duda, otra forma de centrarnos en la lectura del texto literario es responder a estas mismas preguntas.

Pero hay formas determinadas de realizar estas preguntas en la clase de literatura, y a continuación veremos tres de las categorías que consideramos importantes. Éstas van desde lo más concreto y fundamental hasta lo más abstracto y abarcan los temas de investigación o puntos clave en los que solemos centrarnos en nuestras lecturas y análisis de textos literarios. Al operar con estas preguntas, podremos comenzar a desarrollar nuestra capacidad de razonar de una manera crítica y lógica y de interpretar el texto literario desde distintos puntos de vista, sin dejar a un lado nuestras propias experiencias personales dentro de nuestro contexto cultural.

1.5.1 Lectura del texto

El punto de partida para cualquier comentario de una obra de literatura es el texto mismo.

- ¿A qué género literario pertenece este texto? ¿Es narrativa, poesía, teatro, ensayo?

- En el plano más literal, ¿qué dice el texto?, ¿qué describe? (Se da un resumen de la trama.)

- ¿Cuál es el punto de partida del texto? Por ejemplo, ¿se basa en una experiencia específica, es una meditación o se basa en la exploración de un concepto filosóficamente abstracto, o es una combinación de experiencias concretas e imaginarias o filosóficas?

- ¿Quién cuenta o narra esta obra?

- ¿Es fidedigno el narrador o no lo es? En otras palabras, ¿es creíble lo que nos cuenta o no? (Recuerde que en el **Capítulo 5** hay un **Glosario de términos literarios**.)

- ¿Qué efecto tiene la personalidad de la voz narrativa en la perspectiva desde la cual se cuenta la historia?

- ¿Quiénes son los personajes que aparecen en esta obra y qué datos se nos dan de éstos?

- ¿Cuál es la relación entre los personajes?

- ¿Dónde y cuándo ocurre la acción de esta obra? ¿Cuál es el lugar de la acción?

- ¿Cómo están organizados los diferentes elementos dentro de esta obra? ¿Cuál es el orden en que aparecen? ¿Aparecen en orden cronológico los sucesos narrados, o hay una visión retrospectiva de ellos? ¿Se narra basándose en la memoria de ciertos sucesos?

- ¿Qué tipo de lenguaje se usa en este texto?

- ¿Debo leer su lenguaje en un plano literal o en un plano figurativo? (Si leo un poema, por ejemplo, espero encontrar varios tipos de lenguaje figurativo o recursos poéticos, como metáforas, símiles, personificación, etc. [Los términos poéticos aparecen definidos y con ejemplos en el **Glosario** del **Capítulo 5**.] Si leo un cuento corto o un ensayo literario, es posible que encuentre poco lenguaje figurativo.) ¿Debo leer el texto como comentario irónico, o sea, fijándome en el hecho de que las palabras del texto significan lo opuesto de lo que generalmente significan?

■ ¿Hay partes de esta obra que debo interpretar simbólicamente?

■ ¿Cuál es la actitud del autor ante la materia que leo? ¿Es directo, irónico, satírico?

■ ¿Hace el autor algún tipo de crítica social?

■ ¿Qué emociones evoca este texto en mí?

■ ¿Cuál es la visión de la sociedad y de los seres humanos que emerge de este texto? O sea, ¿cuál es la cosmovisión del autor?

Veamos un ejemplo en "No oyes ladrar los perros" del gran escritor mexicano del siglo XX Juan Rulfo. Este cuento, en el plano más literal nos ofrece la historia de un padre que lleva a su hijo adulto malherido por el desierto de noche, a la luz de la luna, hacia el pueblo más cercano con el fin de buscar ayuda médica. Los sucesos acontecen en México durante la primera mitad del siglo XX. Hay un narrador omnisciente que describe el paisaje y mucho diálogo entre el padre (sin nombre) y su hijo Ignacio mientras los dos van hacia Tonaya (aunque realmente es más como un monólogo, dado que el padre es el que habla casi siempre y cuando habla el hijo parece que sus comentarios tienen muy poca o ninguna conexión con lo que ha dicho o preguntado el padre). Los elementos están dispuestos cronológicamente, aunque el padre recuerda y le comenta al hijo sucesos acontecidos muchos años atrás. En este cuento vemos cómo se nos narra la historia de manera directa y se intercalan los recuerdos del padre con los sucesos del momento presente del cuento.

Sin embargo, también encontramos un nivel simbólico/poético, especialmente en las descripciones del paisaje árido y difícil y los rayos de la luna que hacen aún más pálida la cara del hijo moribundo. El paisaje llega a simbolizar la relación difícil y abrupta o tosca entre padre e hijo, una relación que evoca tristeza, frustración y desesperación, especialmente dado que el hijo muere en el momento en que los dos llegan a Tonaya. El cuento de Rulfo nos sugiere, entre otras cosas, que al fin y al cabo los seres humanos somos criaturas profundamente solitarias incluso cuando estamos con otros.

1.5.2 Perspectiva de la obra en un contexto más amplio

Ya que hemos examinado el texto mismo, podemos considerarlo en su contexto más amplio:

■ ¿Quién escribió la obra?

■ ¿Qué otras obras de este autor he leído?

■ ¿Hay algunos temas en común u otras similitudes entre esta obra y otras que haya leído?

Tenemos que recordar que la voz narrativa de una obra literaria es una creación ficticia del autor real y que puede reflejar o no la vida verdadera y las ideas de su creador. No se puede leer una obra de literatura como autobiografía haciendo una correlación estrecha entre la vida del autor y la presentación de su personaje o su voz narrativa. El ejemplo clásico es "Meciendo"—de la poeta chilena Gabriela Mistral—que repite el verso, "mezo a mi niño", aunque ella nunca tuvo hijos. Otro ejemplo muy claro de esta situación aparece en el cuento "La cámara oscura" de la escritora argentina Angélica Gorodischer. El narrador, de primera persona, es Isaac Rosenberg, que relata la historia de su abuela Gertrudis que abandonó a su familia para escaparse con un fotógrafo errante. El narrador dice que la abuela salió por "pura maldad, sin motivo". Sin embargo, la visión que presenta el cuento hace claro que la abuela, descrita por su familia como "fea con ganas", nunca recibió ningún respeto ni amor de su familia, y cuando el fotógrafo le dijo algo amable por primera vez en su vida, era natural que se escapara con él. La esposa del narrador entiende perfectamente las acciones de la abuela, y le dice a su esposo Isaac, "si necesitas que te lo explique, no mereces que te lo explique". Obviamente, la perspectiva de la autora sobre las necesidades de las mujeres en cuanto a respeto y aceptación difiere marcadamente de su narrador que tiene un matrimonio muy tradicional y no entiende dichas carencias emocionales ni de su esposa ni de su abuela, y por extensión, de ninguna otra mujer.

Sin embargo, alguna información sobre el autor de la obra puede ayudar a enriquecer el proceso interpretativo. Por ejemplo, si uno sabe que Federico García Lorca, poeta español del siglo XX, era homosexual, se puede formar una interpretación algo diferente sobre la identidad del "yo" y del "tú" en su poema "Cuánto me cuesta quererte". Una lectura tradicional que identifica el "yo" hombre que se dirige y se queja a una "tú" mujer, o viceversa, e interpreta el poema como una queja de lo doloroso y lo difícil que es amar sería válida. Sin embargo, saber algo sobre la orientación sexual de García Lorca abre el poema a otra interpretación y permite verlo como un lamento sobre la dificultad del amor homosexual en la sociedad represiva y tradicional de España de la segunda década del siglo XX. Esto no quita que podamos, en un sentido más amplio, interpretar este poema como un lamento que surge del dolor que forma parte de cualquier tipo de relación humana centrada en el amor de cualquier tipo, ya sea entre un hombre y una mujer, entre homosexuales, entre padres e hijos, entre parientes o entre buenos amigos. De hecho, esta aplicación a la situación humana universal que encontramos en este poema es una característica de las grandes obras literarias que llegan a trascender las particularidades sociales de su contexto histórico y de su país de origen.

Seguimos la lista de preguntas posibles sobre el contexto de una obra literaria:

- ¿A qué período histórico/estético[3] pertenece la obra?
- ¿Hay algún acontecimiento histórico determinado que sirva de fondo para la obra o que constituya un elemento importante de la obra?
- ¿En qué aspecto es esta obra similar a otras obras del mismo período?
- ¿En qué aspecto es única esta obra, o cómo difiere de otras obras del mismo período que haya leído?
- ¿Hay otras obras literarias de otros países que haya leído con características similares? ¿De qué manera?
- ¿Hay referencias en la obra a otras obras literarias que conozca? ¿Cuál es la conexión?
- ¿Cuál es la cuestión o problema social que se comenta en el texto, o solamente se expresa lo bello, o sea, "el arte por el arte"?
- ¿En qué sentido es la experiencia presentada en el texto única a su contexto social, su época histórica y al individuo que lo protagoniza? ¿En qué sentido comparte similitudes con la experiencia de todo ser humano?
- ¿Hay otras áreas de conocimiento como la filosofía, la sicología o la religión que puedan aportar algo para ayudar al lector a entender el texto? (Por ejemplo, si alguien lee *San Manuel Bueno, mártir,* del gran novelista y filósofo Miguel de Unamuno, sería de gran ayuda saber algo de las corrientes filosóficas y la actitud hacia la religión y de la Iglesia Católica en España tras la pérdida de la Guerra de 1898 contra los Estados Unidos.)

1.5.3 Comprobar la validez de la interpretación de un texto

El trabajo principal de un investigador literario es leer, analizar e interpretar el texto literario de un autor determinado y, posteriormente, relacionarlo con la producción literaria de la época histórica en la que vivió, de su país y del mundo literario más amplio. Además, se pueden hacer conexiones muchas veces entre la literatura y las bellas artes y la música. Se necesita, por lo tanto, no solamente desarrollar su propia interpretación de un texto sino también saber evaluar las interpretaciones de otros críticos, las cuales se encuentra en artículos, en libros académicos, en revistas profesionales y en las páginas de la red electrónica.

La pregunta más elemental que nos podemos hacer al examinar cualquier interpretación es la siguiente:

- *¿Apoya el texto mismo esta interpretación?* ¿Qué secciones, palabras, y/o frases apoyan la interpretación?

---

[3] El término "estético" conlleva un "aprecio de lo bello". Las obras literarias, musicales y artísticas del mismo período histórico suelen tener características similares, y nos referimos a tales épocas con términos como "barroco", "neoclásico" o "romántico".

Hay otras preguntas relevantes que nos podemos hacer para comprobar la validez de una interpretación:

- ¿Puede esta interpretación explicar todas las partes, todos los elementos del texto?

- ¿Es esta interpretación consistente con lo que se ha leído a lo largo del texto?

- ¿Es esta interpretación coherente y consistente con interpretaciones de otras obras de este autor o con otras preocupaciones examinadas por el autor en otros contextos?

- Si la interpretación depende de teorías de otras áreas de conocimiento fuera de la literatura como la filosofía o la sicología, ¿sugiere el texto mismo este acercamiento?

- ¿Es la interpretación consistente con el período histórico en que se escribió la obra? Con esto, se quiere evitar una interpretación moderna que hubiese resultado imposible o no hubiese tenido sentido para los lectores de aquella época.

- ¿Tiene esta interpretación validez solamente para los lectores actuales? Los valores culturales a veces cambian con el tiempo, y los lectores modernos pueden apreciar una obra antigua por cualidades que difieren de las apreciadas por sus lectores originales. Por ejemplo, la crítica literaria del drama *Fuente Ovejuna* de Lope de Vega (1562–1635) ha ofrecido un sinfín de interpretaciones debatiendo que si la obra apoyaba la monarquía Española o si apoyaba la sublevación armada y violenta de un pueblo para deshacerse de un gobierno absolutista. Críticos marxistas han tratado de leer la obra como un manifiesto de los derechos del proletario de sublevarse contra los grandes dueños que se abusaban de él. ¿Es válido interpretar una obra del siglo XVII a través de la óptica marxista del siglo XIX? ¿Podría el público de la época de Lope entender, o incluso imaginar, una interpretación marxista de la obra? Está claro que Lope no escribió *Fuente Ovejuna* con la intención de animar reyertas callejeras o sublevaciones a escala estatal, pero la obra ha sido interpretada de esta manera por varios directores, críticos y políticos que tenían agendas políticas izquierdistas. Son cuestiones que no se contestan fácilmente si se entiende que las obras literarias pueden cambiar de significado según el contexto social e histórico de los críticos.

- ¿Existe la posibilidad de poder interpretar el texto de más de una manera? Quizás el mejor ejemplo del problema planteado al evaluar múltiples interpretaciones de un texto es *Don Quijote* de Miguel de Cervantes. Parece que hay miles de interpretaciones de esta novela; de hecho, se ha escrito más crítica literaria sobre esta novela que sobre cualquier otra obra literaria en español. Se ha leído esta obra como una exploración de la relación entre la realidad y la fantasía, de la relación de la novela con el mundo exterior, como crítica de la transformación de la sociedad española del mundo medieval al mundo dominado por la clase de comerciantes, como rechazo del mundo medieval, como crítica o parodia de las novelas de caballería y sus excesos o de crítica de otros tipos de literatura, como la novela pastoril o la novela morisca, populares en aquella época. Inclusive, recientemente, un crítico utilizó la teoría de caos de la física cuántica para explicar el azar tras las aventuras de don Quijote.

1.6 ¿Cómo comenzamos la lectura de un texto literario?

Acabamos de leer que hay muchas preguntas, pero, claro, no podemos hacer tantas preguntas al leer una obra de literatura (aunque sería bueno hacerlo). Hay, sin embargo, algunas fundamentales que sí debemos hacernos ante cualquier lectura. Veamos una lista que, aunque incompleta, nos puede servir de punto de partida para comenzar a pensar críticamente en el texto literario.

1.7 Análisis elemental de un texto literario

- ▪ *Género:* ¿Es narrativa, poesía, teatro, ensayo?
- ▪ *Trama:* ¿De qué se trata la obra en el nivel más literal? ¿A qué se refiere? ¿Qué sucede en ella?

"TANTAS PREGUNTAS; TAN POCO TIEMPO"

Frederick Marchman

- *Conflicto:* ¿Cuál es el conflicto que forma la base de la trama?

- *Protagonista:* ¿Sobre quién es la historia y por qué? ¿Cómo es el protagonista? Se debe recordar que a veces no hay *un* protagonista o *una* protagonista, sino que puede haber protagonistas múltiples o incluso un protagonista colectivo.

- *Personajes:* ¿Quiénes y cómo son los demás personajes? ¿Qué funciones cumplen?

- *Acción principal:* ¿Qué hace esencialmente el protagonista?

- *Perspectiva/visión del mundo:* ¿Quién cuenta o narra la obra, y cuál es su perspectiva? ¿Cuál es la visión del mundo que prevalece en la obra? (adaptación García-Corales)

1.8 Después de tantas preguntas de investigación

Tras tantas preguntas, podemos comenzar a comprender cómo hacen los críticos literarios su trabajo de interpretación. En el siglo XX el estudio de la literatura tuvo un gran desarrollo y se definieron teorías literarias diferentes. Sin embargo, todas las teorías, todos los enfoques, todas las preguntas que hemos hecho hacen hincapié en uno de los aspectos indicados en el esquema siguiente.

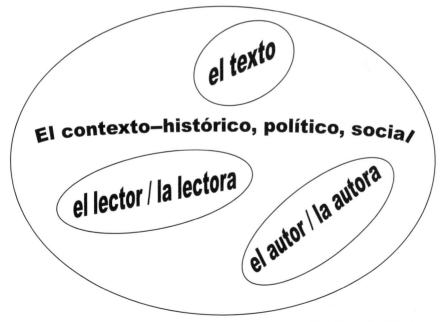

Frieda Blackwell and Paul Larson

En el próximo capítulo examinaremos de forma resumida las teorías literarias más usadas por los críticos profesionales de hoy en día. Y aunque podemos decidir usar o no usar esta o aquella teoría, se hace necesario conocer sus ideas generales y los críticos más representativos de éstas con el fin de poder entender y utilizar lo que encontremos en nuestras lecturas de fuentes secundarias sobre las obras literarias que investiguemos.

Obras citadas

Callaghan, Patsy. *Instructor's Manual for Paradigms for Critical Thinking*. New York: Houghton Mifflin, 1992, xiii–xx.

García-Corales, Guillermo. "Análisis básico de un texto narrativo", Hoja de ejercicio para clase. Waco, TX: Baylor U.

Capítulo 2

TEORÍAS LITERARIAS, O MODOS DE INVESTIGACIÓN LITERARIA

2.1 ¿Por qué tenemos que interesarnos por las teorías literarias?

Cualquier estudiante que se dispone a leer una obra literaria, sea del género literario que sea, quiere entender lo que lee y quiere extraer del texto todo el contenido que le sea posible. Pero para ello tiene que conocer un conjunto de modos o enfoques críticos que le van a ayudar a comprender dicho texto en sus diferentes niveles. En el **Capítulo 1** ya vimos los diferentes tipos de preguntas que nos podemos hacer ante el texto literario. Los críticos profesionales hacen las mismas preguntas, aunque de forma más sofisticada, a veces, y, en sus esfuerzos por entender mejor qué es la literatura y cómo se lee tal obra, han desarrollado muchas teorías sobre la literatura en general y sobre el texto literario como manifestación concreta de esta literatura. Han producido una gran cantidad de artículos de tipo general sobre la literatura y de tipo más específico sobre ciertas obras literarias. Estos artículos y libros constituyen lo que llamamos "crítica literaria".

Estas obras de crítica literaria presuponen ciertos modos de acercamiento a la literatura, cierta teoría literaria, a pesar de que muchos críticos aleguen que no tienen una sola teoría e incluso nieguen que usen alguna teoría literaria en su análisis. Pero, por mucho que lo nieguen, todos ellos adoptan una base teórica en su análisis literario. Es importante, pues, reconocer qué teoría aplican para identificar su perspectiva y comprenderla, ya sean artículos o libros que vamos a tener que leer en nuestros propios trabajos de investigación. La diseminación del conocimiento es una fase más dentro del trabajo del crítico literario, que, como hemos podido ver, consiste en la configuración de una red de significados mediante la investigación y la metodología adecuada.[4] Esto es así tanto para los profesionales de la investigación literaria como para los estudiantes de literatura. Pero ¿cómo sabemos qué acercamiento o modo de investigación es el mejor o el más acertado para nuestro texto literario?

2.2 Método de investigación

Los dos elementos claves que conforman nuestro método de investigación son los siguientes:

- El tipo de preguntas que se formula
- El modo—o modos—de investigación que utilizamos para dar respuesta a esas mismas preguntas (Stevens y Stewart 1)

Por ejemplo, si nos preguntamos qué es un romance y cómo afecta la forma del poema en "El enamorado y la muerte", un romance español anónimo del siglo XV, tendríamos que desarrollar una investigación muy diferente para contestarla que si nos preguntáramos de qué manera la cosmovisión medieval representa el tema de la muerte en este poema. La primera pregunta nos lleva a una investigación de cierto género literario, el romance; la segunda, a una investigación histórica del mundo medieval.

Muchas veces los estudiantes preguntan, "¿Hay un modo de investigación que sea mejor que otros?" La respuesta es "No". Cada cual puede tener sus ventajas e inconvenientes y aportar nuevas perspectivas al crítico que lo utiliza. Lo que sí debemos tener en cuenta es que no se puede asumir que un modo de investigación funcione con igual eficacia para cualquier tipo de literatura y cualquier género literario. En especial, si deseamos utilizar alguno específico de otras áreas de conocimiento, como por ejemplo, un análisis sicológico de un cuento, debemos dejar que sea la misma obra la que sugiere dicho método, en lugar de tratar de imponerlo en ella.

2.3 La idea de "teoría literaria" y su historia

Antes de empezar a dar una idea de los distintos modos de crítica literaria junto con las teorías que subyacen en ellos, vale la pena acercarnos al concepto de "teoría literaria". Así pues, a continuación ofrecemos una historia abreviada de la crítica literaria. Somos conscientes, sin embargo, de que por los límites de espacio que nos hemos impuesto, quizás hayamos realizado alguna omisión.

---

[4] En el **Capítulo 3** se analizan los modos de investigación y en el **Capítulo 4** la forma del ensayo o trabajo de investigación.

La historia de la crítica literaria, que viene unida al esfuerzo de definir "literatura", se remonta hasta griegos como Aristóteles y Platón. En su búsqueda de esta definición, éstos enfatizaban lo bello o el aspecto estético de una obra de literatura y subrayaban el efecto emotivo o de mejoramiento moral o ético sobre el lector. Esa búsqueda por encontrar una definición adecuada del concepto de la literatura continuó en el período clásico con el romano Horacio. Durante la Edad Media siguieron estas disquisiciones, principalmente bajo la Iglesia, que defendía que las obras literarias debían deleitar e instruir—aunque eran escasos los que sabían leer en ese período. En España, el auto sacramental, una especie de obra dramática, y el romance se convirtieron en vehículos para enseñar doctrina e impartir lecciones morales e históricas a las iletradas masas.

Con la llegada del siglo XVIII y el nacimiento de los nacionalismos en Europa, llegó también la idea de la literatura como portavoz y receptor de la "cultura" y de los valores de una nación. Fue durante esta época cuando se empezaron a escribir historias literarias, primero en Alemania y después en otras partes de Europa. Claro está que asociado a este esfuerzo por delinear el desarrollo de la literatura nacional se reabrió el debate en relación al concepto de "literatura" y a qué obras merecían incluirse en la historia. Durante esta época de la Ilustración, algunos autores como Arteaga escribieron sobre *La belleza ideal*. Otros, como Luzán, en su *Poética*, trataron de redefinir lo que debía ser la obra de arte, volviendo la vista atrás a los griegos y romanos para su inspiración.

Con el movimiento romántico, la actitud hacia la literatura y su valor cambió. El romanticismo realzó el sentimiento sobre el intelecto, afirmando que la literatura debía captar y provocar emociones fuertes. Cuando se trataba de analizar una obra literaria, se aceptaba en general la idea de que una gran obra literaria era producto de un "gran hombre" (y aquí se usa "hombre" a propósito, dado que no se les ocurrió que la mujer pudiera tener tales calidades). Examinando la biografía del autor y comparando su vida y su obra, se podían entender los motivos de su producción literaria y, por extensión, lo que hacía "grande, importante" a ésta.

Durante la segunda mitad del siglo XIX, con la importancia concedida a las ciencias y a los nuevos métodos científicos, se buscó una forma de juzgar todos los empeños humanos de una forma objetiva o científica, tratando de eliminar todo lo que fuera subjetivo y emocional. Esta visión del mundo influyó en el acercamiento al estudio de las bellas artes, y en especial al de la crítica literaria, para la que se delinearon enfoques más científicos y objetivos. Tal como se hacía en las ciencias naturales, se deseaba encontrar elementos que dieran validez a los estudios literarios. Esta perspectiva, sin embargo, caló más en el mundo angloparlante que en el mundo hispanohablante.

De igual manera, durante la primera mitad del siglo XX, nacieron teorías que pretendían ofrecer métodos más científicos y teóricos para explicar la literatura, especialmente por parte de críticos ingleses, estadounidenses, rusos y franceses. Con la traducción de sus trabajos a diversos idiomas, sus ideas ejercieron una gran influencia en muchas partes del mundo, llegando a su apogeo en los ochenta. En los noventa esta ola de crítica teórica empezó a disiparse un poco.

En la España de fines del siglo XIX y comienzos del XX, la preocupación principal de los intelectuales giró en torno al problema de la decadencia de España, agravada por la derrota del país en la Guerra de Cuba (la guerra entre España y los Estados Unidos). Algunos críticos como Menéndez Pelayo y Menéndez Pidal buscaron en la literatura nacional las raíces del carácter nacional. Otros, principalmente los de la generación de 1898, examinaron la literatura nacional para renovar su forma de expresión. En los años siguientes, en especial durante la generación de 1927, la mayoría de profesores de literatura, además de escritores, se escribió bastante crítica literaria, generalmente estudiando la reacción ante el texto y buscando sus antecedentes históricos. Pedro Salinas, por ejemplo, escribió varios tomos sobre el arte de la poesía. Dámaso Alonso, con su obra monumental, *Poesía del Siglo de Oro,* marcó un cambio de rumbo en la crítica literaria española para reflejar aún más atención al texto literario en lugar de centrarse en sus aspectos emotivos y valorativos.

La Guerra Civil Española (1936–1939) provocó una ruptura desgarradora en el desarrollo de los estudios universitarios en general y de los literarios en particular. Debido a la censura, España se cerró a las ideas nuevas que venían de fuera. La presencia de la dictadura de Franco ejerció una profunda influencia negativa sobre los estudios literarios en las universidades españolas. Sin embargo, a partir de 1975, se produjeron cambios profundos en la crítica literaria española, y en la actualidad es un reflejo de las teorías más difundidas en el mundo occidental, como veremos a continuación.

En Hispanoamérica la crítica evolucionó de forma diferente. A partir de 1940 hubo mucho fermento literario por parte de escritores como Jorge Luis Borges, que ejercieron un papel crítico además de creativo. Por otro lado, la espectacular aparición de novelas en los sesenta y de obras como *La nueva novela latinoamericana* de Carlos Fuentes marcó nuevos cambios en la actitud crítica ante la literatura, en especial en el género novelístico. En el plano de estudios literarios en general, a comienzos del nuevo milenio somos testigos de colecciones de artículos sobre "el final de la teoría literaria" (véase Olsen o Eagleton, *After Theory*).

Ante toda esta ebullición de teorías literarias, es obvio que debemos tener alguna teoría, algún modo de investigación, a la hora de acercarnos a un texto literario y comentarlo. Además, para entender la crítica literaria que se ha producido en el siglo XX, hay que conocer las teorías literarias más difundidas ya que las vamos a encontrar como telón de fondo de las publicaciones que tendremos que leer como parte de nuestros estudios literarios.

Veamos, pues, un resumen de varias teorías predominantes en el siglo XX. Para profundizar en ellas, si ése fuera el caso, hemos incluido una bibliografías adicionales. A veces, hemos incluido obras que datan de la primera mitad del siglo XX porque son obras claves que dieron comienzo a ciertas teorías literarias. Aunque muchas de las obras más teóricas son traducciones del francés o del ruso y en un principio pueden parecer difíciles y densas, con una lectura detenida es posible familiarizarse con los nombres y conceptos más relevantes de las distintas teorías. Dicho sea de paso, en la mayoría de los casos, hemos incluido la traducción en inglés, dado que es más probable que los estudiantes encuentren estas versiones en la biblioteca de su universidad. Es importante, además, recordar los diferentes rumbos tomados por la crítica literaria del mundo angloparlante y del hispanohablante; esto no indica que no haya puntos de contacto.

Frederick Marchman

2.4 Modos de crítica literaria

Aunque hay muchos modos de crítica literaria, por lo general se pueden reducir a un número delimitado de categorías principales, tal como las expondremos a continuación. Pero, como preámbulo, damos una lista de referencias bibliográficas de tipo introductoria. Algunas son antologías de ensayos seminales que cambiaron el curso de los estudios literarios; otras proporcionan resúmenes de los puntos principales de cada enfoque crítico. En nuestros propios resúmenes hemos intentado sintetizar los contenidos de estas teorías y modos de investigación literaria.

Bibliografía preliminar

Barry, Peter. *Beginning Theory: An Introduction to Literary and Cultural Theory.* New York: Manchester UP, 1995.

Collier, Peter y Helga Geyer-Ryan, eds. *Literary Theory Today.* Ithaca, NY: Cornell UP, 1990.

Culler, Jonathan. *Literary Theory: A Very Short Introduction.* New York: Oxford UP, 1997.

Eagleton, Terry. *Literary Theory: An Introduction.* Minneapolis: U of Minnesota P, 1983.

Groden, Michael y Martin Kreiswirth, eds. *The Johns Hopkins Guide to Literary Theory and Criticism.* Baltimore: Johns Hopkins UP, 1994.

Lambropoulos, Vassilis y David Neal Miller, eds. *Twentieth-Century Literary Theory: An Introductory Anthology.* Albany: State U of New York P, 1987.

Lentricchia, Frank y Thomas McLaughlin, eds. *Critical Terms for Literary Study.* Chicago: U of Chicago P, 1990.

Lodge, David, ed. *20th Century Literary Criticism.* New York: Longman, 1972.

Seldon, Raman y Peter Widdowson. *A Reader's Guide to Contemporary Literary Theory.* Lexington: UP of Kentucky, 1993.

2.4.1 Crítica formalista

Estudia la obra como una entidad separada y aparte, analizando cómo funcionan sus diferentes elementos. En Inglaterra, I. A. Richards se considera el pionero de la crítica formalista. En su libro *Practical Criticism* (1929), insistía en que se debía aislar el texto de su historia y su contexto y centrarse en él, evitando comentarios confusos sobre el período en el que se produjo. Su alumno, William Empson, hizo hincapié en la ambigüedad como característica esencial del lenguaje poético, por lo que era de suma importancia leer el texto cuidadosamente.

En los Estados Unidos, la crítica formalista, llamada en inglés *New Criticism*, surgió por la iniciativa de un grupo de profesores de la Universidad de Vanderbilt, en Nashville, Tennessee. Entre los miembros de este grupo estaban John Crowe Ransom, Cleanth Brooks, Donald Davies y Robert Penn Warren, que defendían que la crítica literaria tiene que ver *solamente* con el texto literario, su vocabulario, la disposición de sus diferentes elementos y su forma de narración, y con otros elementos del lenguaje y de la estructura. Aunque se pudiera aplicar esta teoría a cualquier género literario, los críticos formalistas se enfocaron principalmente en la poesía. En resumen, la crítica formalista se centra únicamente en el texto sin considerar elementos ajenos a éste.

Bibliografía adicional

Brooks, Cleanth, John T. Purser y Robert Penn Warren. *An Approach to Literature.* 4th ed. New York: Appleton-Century-Crofts, 1964.

Empson, William. *Seven Types of Ambiguity.* New York: New Directions, 1966.

Ransom, John Crowe. *The New Criticism.* Norfolk, CT: New Directions, 1941.

Richards, I. A. *Practical Criticism: A Study of Literary Judgment.* New York: Harcourt, Brace, and World, 1929.

2.4.2 Crítica de géneros literarios

A veces se alude a este modo de investigación literario como el *Chicago School*. Lo que hace este enfoque crítico es comparar una obra con otras obras del mismo tipo. Por ejemplo, si comparamos un poema épico con otros poemas épicos para ver similitudes y diferencias, hacemos investigación de géneros. Los críticos de the *Chicago School* reaccionaron contra el énfasis dado por los "nuevos críticos" a la poesía y se volcaron en el análisis de la prosa. Para ello, volvieron sus miradas a las obras de Aristóteles, creyendo que la forma y el género ofrecen las claves para entender una obra literaria independiente de su contexto histórico. Más adelante, Wayne Booth introdujo la idea de que una novela contiene la voz del autor llamado "el autor implícito", que a veces difiere radicalmente de la voz narrativa (como ya se ha discutido en el **Capítulo 1**). El concept del autor implícito ayuda a los lectores a descifrar las actitudes o perspectivas escondidas en el texto.

Bibliografía adicional

Booth, Wayne C. *The Rhetoric of Fiction*. Chicago: U of Chicago P, 1961.
Crane, R. S., ed. *Critics and Criticism: Ancient and Modern*. Chicago: U of Chicago P, 1952.

2.4.3 Crítica retórica

Según este enfoque, el significado del texto literario depende de la interacción entre la obra y la persona que lee el texto. Por lo tanto, se centra en cómo el texto produce una determinada reacción en los lectores. El estudio de la retórica empezó con Aristóteles, que en su *Poética* afirmaba que una obra literaria debe producir emoción o catarsis en los lectores tales como el miedo, la risa o la tristeza. Hay que observar, además, que el estudio de la retórica nació de la atención prestada a la estructura de los discursos orales, especialmente del tipo político, centrándose en la influencia que era capaz de ejercer el orador en sus oyentes.

En la década de los setenta, se volvió a considerar el papel del lector en la creación del texto literario en la llamada "teoría de la reacción del lector" *(reader-response theory)*. Empezó como reacción contra la crítica formalista y a partir de un artículo de Wimsatt y Beardsley, "The Affective Fallacy" de 1949 (Lodge 345–58), que afirmaba que no debía confundirse el poema con los resultados que éste producía en el lector. En el enfoque retórico, el poema—u otro género cualquiera—no se puede interpretar sin atender a sus efectos sicológicos y emocionales en los lectores porque no tiene significado alguno aparte del que tiene en la mente del lector. De hecho, incluso se afirmaba que el texto literario se produce como consecuencia de la interacción entre el lector y lo leído. Los críticos más representativos de la crítica retórica son Wolfgang Iser, Umberto Eco, Norman N. Holland, Stanley Fish y Jane Tompkins.

Bibliografía adicional

Eco, Umberto. *The Role of the Reader*. Bloomington: Indiana UP, 1979.

Fish, Stanley. *Is There a Text in This Class? The Authority of Interpretive Communities*. Cambridge, MA: Harvard UP, 1980.

Iser, Wolfgang. *The Act of Reading: A Theory of Aesthetic Response*. Baltimore: Johns Hopkins UP, 1978.

Holland, Norman. *5 Readers Reading*. New Haven, CT: Yale UP, 1975.

Jauss, Hans Robert. *Toward an Aesthetic of Reception*. Trans. Timothy Bahti. Minneapolis: U of Minnesota P, 1982.

Tompkins, Jane, ed. *Reader Response Criticism: From Formalism to Post-Structuralism*. Baltimore: Johns Hopkins UP, 1980.

2.4.4 Estructuralismo/Semiótica/Deconstrucción

Mucha de la crítica del estructuralismo, de la semiótica, y de la deconstrucción se deriva de la lingüística y del trabajo de Ferdinand de Saussure, cuyo libro sobre la lingüística (1915) fue de suma importancia. A partir de la aparición de dicho libro, Jakobson, Shklovsky y otros, denominados a veces "formalistas rusos", llegaron a entender que una palabra es una entidad arbitraria y que no lleva ningún significado intrínseco en sí, sino que depende de convenciones lingüísticas de parte de un grupo de hablantes de un determinado idioma. Saussure distinguía entre "langue" y "parole", o sea, entre el conjunto de reglas, vocabulario, léxicos, etcétera, que cualquier hablante de un idioma conoce, y la expresión particular y única oral o escrita de alguien que sabe hablar un idioma que otro del grupo puede entender. Cualquier significado se obtiene por la yuxtaposición de elementos lingüísticos.

A partir de aquí, una serie de críticos que se basaban en los conceptos lingüísticos fundamentales de Saussure empezaron a examinar las obras literarias en función de sus componentes sintácticos, sin dejar de reconocer que el sistema lingüístico es arbitrario y que cualquier esfuerzo por reproducir la realidad a base de la lengua es un esfuerzo frustrado. Además, la crítica estructuralista compara una obra literaria con los elementos de la frase—actor, acción, receptor de la acción (o más tradicionalmente, sujeto, verbo, objeto directo, objeto indirecto)—y analiza los textos en términos de su estructura sintáctica. Por ejemplo, Vladimir Propp analizó una serie de cuentos folklóricos rusos, concluyendo que existía un número reducido de tramas capaces de ser expresadas mediante una serie de frases diagramadas. Otro crítico importante en el desarrollo de la crítica estructuralista fue el antropólogo Claude Lévi-Strauss, que analizó otros cuentos mitológicos de forma similar. Gradualmente, otros críticos, especialmente franceses como Roland Barthes, aplicaron esta teoría a obras de literatura y a productos de la cultura popular.

Los críticos "deconstruccionistas" llevaron el proceso un paso más allá. Afirmaban que cuando se analiza una obra literaria en términos lingüísticos, comparando sus varios elementos narrativos o poéticos con las palabras dentro de las frases, los distintos elementos narrativos adquieren su significado solamente en conjunción con otros elementos; además, este significado puede cambiar a lo largo del texto. Según este enfoque, no hay posibilidad de que haya un "significado unívoco", y el texto hasta cierto punto se autodestruye o se deshace. Probablemente, el crítico más representativo de esta teoría literaria es el francés Jacques Derrida, que afirmaba que las palabras, los símbolos y otros elementos de un determinado texto derivan su significado sólo de su relación—comparación u oposición—con otros elementos del texto. Derrida "deconstruye" la lectura monolítica del texto literario. La frase famosa de Derrida que se cita en todos los libros de crítica literaria es que en el acto de leer ocurre una "descentralización del significado", o para repetir la conocida frase en inglés, "a decentering of meaning". Otros críticos de la escuela estructuralista y deconstruccionalista son Robert Scholes y Jonathan Culler.

Bibliografía adicional

Bejel, Emilio y Ramiro Fernández. *La subversión de la semiótica. Análisis estructural de textos hispánicos*. Gaithersburg, MD: Ediciones Hispamérica, 1988.

Blonsky, Marshall, ed. *On Signs*. Baltimore: Johns Hopkins UP, 1985.*

Bloom, Harold. *The Anxiety of Influence: A Theory of Poetry*. London: Oxford UP, 1973.

——— et al. *Deconstruction and Criticism*. New York: Continuum, 1984.

Derrida, Jacques. *Of Grammatology*. Trans. Gayatri Chakravorty Spivak. Baltimore: Johns Hopkins UP, 1974.

Eco, Umberto. *Theory of Semiotics*. Bloomington, IN: Indiana UP, 1976.

Foucault, Michel. *The Order of Things: An Archeology of the Human Sciences*. New York: Random House, 1970.

Macksey, Richard y Eugenio Donato, eds. *The Structuralist Controversy*. Baltimore: Johns Hopkins UP, 1970.**

Scholes, Robert. *Structuralism in Literature: An Introduction*. New Haven, CT: Yale UP, 1974.

2.4.5 Historia literaria

Según este modo de investigación, el texto es producto de una determinada cultura en un determinado período histórico, y tanto el escritor como su biografía tienen relevancia para entenderlo. En otras palabras, este enfoque se centra en el origen y en el contexto en que la obra literaria se creó. Dentro de este enfoque podemos encuadrar también varias subcategorías de estudios de la historia literaria.

2.4.5.1 Estudios históricos, que prestan atención al contexto histórico en el que se escribió la obra. Así pues, al acercarnos al texto podríamos comentar si fue escrito en la Edad Media o el Renacimiento, durante un tiempo de opresión política, durante una época de revoluciones, etcétera. Por otro lado, el nuevo historicismo, o *New Historicism* como se le llamó en inglés, hace hincapié en el hecho de que alguien que se sienta para escribir la historia o la

---

*Este tomo incluye ensayos por varias figuras prominentes de estos movimientos teóricos.

**Este libro contiene ensayos por las figuras más importantes del estructuralismo y deconstrucción.

crónica de cierta época histórica, de veras, escribe una narración de los eventos usando la misma técnica que hace cualquier novelista que se sienta a escribir una novela. El proceso de construir una narración es igual; no importa si consiste de datos verídicos o ficticios. Insiste en que los lectores recuerden que no hay ninguna historia o crónica completamente objetiva, que la historia tiene que consistir en los datos más la interpretación de dichos datos (White ix). Así pues, examina presuposiciones y agendas políticas, económicas y sociales que subyacen en el texto para identificar los prejuicios y la cosmovisión que se desprenden de él. Los críticos más representativos relacionados con el nuevo historicismo son Hayden White y Stephen Greenblatt.

Bibliografía adicional

Alegría, Fernando. *Nueva historia de la novela hispanoamericana.* Hanover, NH: Ediciones del Norte, 1986.

Bakhtin, Mikhail. *Rabelais and His World.* Trans. Helene Iswolsky. Bloomington, IN: Indiana UP, 1984.

Cohen, Ralph. *New Directions in Literary History.* Baltimore: Johns Hopkins UP, 1974.

Gallagher, Catherine y Stephen Greenblatt. *Practicing the New Historicism.* Chicago: U of Chicago P, 2000.

Perkins, David, ed. *Theoretical Issues in Literary History.* Cambridge, MA: Harvard UP, 1991.*

Weimann, Robert. *Structure and Society in Literary History.* Baltimore: Johns Hopkins UP, 1976.

White, Hayden. *Metahistory.* Baltimore: Johns Hopkins UP, 1973.**

2.4.5.2 Estudios biográficos examinan la vida y las actividades del autor que escribió la obra. Hay que tener mucho cuidado con este tipo de crítica, porque nunca se debe confundir el personaje o la voz narrativa con la persona de carne y hueso que creó el texto, como ya comentamos en el **Capítulo 1**. Si bien es cierto que un escritor utiliza siempre datos de su propia experiencia, esto no significa que podamos leer un texto literario como si fuera una autobiografía. Por lo común, la persona que está fuera del texto difiere mucho de su proyección o ser de ficción dentro de la obra literaria aunque comparten ciertos rasgos en común.

También, hay que evitar lo que se llama la "falacia de las intenciones" o "the intentional fallacy", como la designaron Wimsatt y Beardsley al referirse a ella por primera vez en su influyente artículo del mismo nombre. A veces, los estudiantes dicen algo como "Cervantes quería criticar a la clase comerciante en *Don Quijote*". Hacer comentarios de esta índole es cometer "una falacia de intenciones". No se puede saber con certeza cuáles eran las verdaderas intenciones de Miguel de Cervantes al escribir su obra. No podemos consultarle porque murió en 1616. Además, con frecuencia, lo que quiere

---

*Contiene ensayos por unas figures importantes en esta promoción teórica.

**Otros libros de White que exploran la historia cultural y sus relaciones al texto literario son *Tropics of Discourse* (1978) y *The Content of the Form* (1987).

decir un autor y lo que nosotros entendemos difieren de sobremanera. No obstante, hay ocasiones en las que los críticos tienen la oportunidad de conocer a un autor y hacerle preguntas, y lo que es llamativo en este contacto directo es que la mayoría de las veces la crítica descubre conexiones entre partes de la obra que nunca se le habían ocurrido al escritor. Por ejemplo, respecto a *La saga/fuga de J. B.* de Gonzalo Torrente Ballester (1972), una novela muy relevante en España en la época de experimentalismo al final de la dictadura, algunos críticos comentaron el significado de las iniciales "J. B.", que corresponden a varios personajes, relacionándolas con la obra literaria *J. B.* de Archibald MacLeish, escritor norteamericano, y con el personaje de Job en la Biblia dado que todos estos personajes parecen sufrir de un sinfín de problemas y dificultades. O sea, parece que Torrente Ballester quería meter una serie de referencias a otras obras y personajes en su obra al escoger el título *La saga/fuga de J. B.* para su novela. Sin embargo, al preguntarle directamente a Torrente Ballester en una entrevista, cómo había decidido usar las iniciales "J. B." para sus personajes y si fuera inspirado por los personajes de los susodichos textos, respondió que había escogido las iniciales "J. B." porque J. B. era el nombre de la marca de su whisky favorito y que nunca se le habían ocurrido las conexiones mencionadas por tales críticos literarios. Este ejemplo subraya la importancia de no llegar a conclusiones mal fundamentadas sobre lo que verdaderamente quería decir o hacer el autor con cierto aspecto de su obra, o por qué es importante evitar la "falacia de intenciones".[5] Por otro lado, un texto literario puede sugerirles a sus lectores conexiones, ideas, interpretaciones que no formaban parte de las intenciones originales de su escritor. Los críticos tienen que tomar la molestia de clarificar que tales conexiones son sus propias ideas y no reflejan necesariamente las "intenciones" del autor. Pero claro, volvemos a lo mismo: ¿Cómo sabemos cuáles eran esas "intenciones"?

Bibliografía adicional

Castro, Américo. *El pensamiento de Cervantes*. Barcelona: Noguer, 1972.

García Lorca, Francisco. *Federico y su mundo*. Madrid: Alianza, 1980.

Wimsatt, W. K. y Monroe C. Beardsley. "The Intentional Fallacy" en *The Verbal Icon*. Lexington: Kentucky UP, 1954.

2.4.5.3 Estudios de la tradición literaria analizan el contexto literario en que se escribió la obra. Este método examina cómo la obra es representativa del período estético en el que se creó o cómo difiere de éste y ofrece innovaciones o marca el comienzo de otro tipo de literatura. Se ha observado que durante un período específico hay obras que tienen rasgos comunes. Por

---

[5] Sin embargo, hay que admitir que a veces el autor juega con sus entrevistadores. Por ejemplo, Jorge Luis Borges, el gran escritor de cuentos argentino, muchas veces daba información falsa al ser entrevistado sobre sus obras.

ejemplo, muchas obras de literatura, música y pintura producidas durante el siglo XVII se denominan "barrocas" porque comparten ciertos rasgos: suelen ser muy complejas, con mucha ornamentación y fuertes contrastes. En ese período también se exploraron temas religiosos o el contraste entre realidad y apariencia. Se ven muchas de estas características en *Don Quijote* de Miguel de Cervantes, en las *Novelas amorosas y ejemplares* de María de Zayas y Sotomayor, en la obra dramática *La vida es sueño* de Pedro Calderón de la Barca o en la poesía de Luís de Góngora, y también en la música de Johann Sebastián Bach y en la pintura de Rembrandt van Rijn y de Diego Velázquez. Dentro de este enfoque hay otros que se centran en los estudios de ciertos géneros literarios como la picaresca o el pastoril.

Bibliografía adicional

Abrams, M. H. *The Mirror and the Lamp: Romantic Theory and the Critical Tradition.* New York: Norton, 1953.
Del Monte, Alberto. *Itinerario de la novela picaresca española.* Trans. Enrique Sordo. Barcelona: Editorial Lumen, 1971.
Maravall, José Antonio. *La cultura del barroco.* Barcelona: Editorial Ariel, 1975.
———. *La literatura picaresca desde la historia social.* Madrid: Taurus, 1986.

2.4.6 Aportaciones de otras áreas de conocimiento

Pero además de las teorías analizadas, tenemos que considerar que los autores, dentro del contexto al que pertenecen, beben por lo común de otras áreas de conocimiento como la religión, la filosofía o la sociología. Es necesario, por tanto, dar un breve atisbo a éstas, que sin duda podrán iluminar algunas parcelas del texto literario que analizamos. No obstante, hemos de tener cuidado y no forzar en él ningún tipo de análisis si el texto mismo no lo sugiere. Veamos algunas áreas de conocimiento que puedan contribuir a la interpretación de un texto literario.

2.4.6.1 La religión, que examina la influencia de algún tipo de acercamiento religioso específico en el contenido religioso perceptible en la obra. Algunos críticos han estudiado, por ejemplo, la función del catolicismo o de los relatos bíblicos en la obra de Miguel de Unamuno, escritor español de comienzos del siglo XX. Por ejemplo, en *San Manuel Bueno, mártir,* Unamuno usa referencias bíblicas frecuentemente. A lo largo de la novela, compara a don Manuel con Moisés y sus ayudantes Ángela y Lázaro a Josué y Caleb. Además menciona que don Manuel, como Moisés, no puede entrar en la Tierra Prometida (Deuteronomio 34:1–5). Así, es útil analizar en esta obra las similitudes entre la vida de don Manuel y de Moisés para entender mejor el personaje de Unamuno y su batalla espiritual entre la fe y la razón. La narradora nos dice que ha escrito sus recuerdos de don Manuel como parte del proceso de beatificación. Si se sabe algo de este proceso en la Iglesia Católica, ayuda a entender mejor la narración, tal como saber el Credo que se suele recitar durante la misa y el que don Manuel no puede recitar completamente. La religión puede abarcar igualmente cuestiones morales y éticas que se desprenden de un determinado texto. Así, al leer la novela *La de Bringas* (1884), cuando Galdós menciona "el culto de lo trapos", nos da una indicación de que entre otros aspectos, la novela abarca ciertas cuestiones religiosas y éticas. El uso de palabras y expresiones asociadas con la religión a lo largo del texto nos indica que Galdós presenta un personaje, Rosalía de Bringas, que se vende para obtener objetos materiales, lo que la deja en la bancarrota económica y moral.

Bibliografía adicional

Frye, Northrup. *The Great Code: The Bible and Literature.* San Diego, CA: Harcourt Brace Jovanovich, 1981.

Walhout, Clarence y Leland Ryken, eds. *Contemporary Literary Theory: A Christian Appraisal.* Grand Rapids, MI: William B. Eerdmans, 1991.

2.4.6.2 La sociología, que aporta teorías para examinar la interacción entre el individuo y la sociedad que le rodea. Según este enfoque, la obra es producto no sólo del individuo sino también de la sociedad, y puede, por lo tanto, reflejar ciertos fenómenos sociales de determinadas épocas. Dicha interacción puede aparecer relacionada con fenómenos diferentes—religiosos, políticos, económicos, étnicos y sexuales—que se entrecruzan y mezclan fácilmente con otras áreas de conocimiento como se ve dibujado en la obra de Michel Foucault, *The Order of Things: An Archaeology of Human Sciences.* Todos estos elementos se unen para formar la sociedad en que se produjo y en que se sitúa la obra. La re-examinación de estos elementos en su conjunto constituye la crítica sociológica. Por ejemplo, se observó la proliferación de la novela histórica en España tras la muerte de Franco. Los sociólogos describen este fenómeno como una reacción contra los esfuerzos de la dictadura por resucitar los tiempos legendarios del Cid y de los Reyes Católicos y, de cierta forma, reescribir la historia del país para favorecer su posición de poder. Tales obras volvieron a examinar aspectos de la historia que habían recibido poca atención o de presentar episodios bien conocidos desde otra perspectiva, reflejando la nueva libertad de expresión en la España democrática después de 1975. Por ejemplo, *El hereje* de Miguel Delibes explora el impacto del protestantismo en Valladolid durante el Siglo de Oro, un episodio en la historia de España que no ha recibido ninguna atención. De forma similar, *Crónica del rey pasmado* de Gonzalo Torrente Ballester pretende narrar un episodio en la vida de un monarca español del siglo XVII, aunque el evento que ocupa su "crónica de más de 200 páginas", carece de importancia trascendental. Así, Torrente Ballester pone en tela de juicio todas las historias oficiales de la dictadura. Lourdes Ortiz, en su novela *Urraca,* examina un personaje femenino de la historia medieval de Castilla, mal entendido por su misma sociedad, que no ha recibido ninguna atención, probablemente por ser mujer. La dramaturga Concha Romero, en su obra *Un olor a ámbar,* explora la lucha sobre el cuerpo de Santa Teresa de Ávila. A través de su exploración, presenta aspectos de la vida y muerte de la santa desde otra perspectiva que difiere mucho de la "versión oficial" de la Iglesia Católica.

_ía adicional

_, Milton C., James H. Burnett, y Mason Griff, eds. *The Sociology of Art and Lit-ature: A Reader.* New York: Praeger, 1970.

_ _atin, M. M. *Art and Answerability: Early Philosophical Essays.* Austin: Texas UP, 1990.

Foucault, Michel. *The History of Sexuality.* New York: Random House, 1978.

Hauser, Arnold. *The Social History of Art,* 4 vols. New York: Vintage, 1960.

Varela, Javier. *La novela de España: Los intelectuales y el problema español.* Madrid: Taurus, 1999.

Wolff, Janet. *Aesthetics and the Sociology of Art.* Ann Arbor: U of Michigan P, 1993.

2.4.6.3   La sicología, que aplica las ideas de Sigmund Freud y de otros sicólogos al estudio de los personajes de una obra literaria, especialmente la novela, el cuento y el drama, con el fin de explicar por qué los personajes reaccionan y hacen lo que hacen de una determinada manera. A veces, usa los términos de Freud como "ego", "id" o "inconsciente" cuando hablan de los personajes. Era Freud mismo que empezó este tipo de análisis literario, aplicando su teoría del desarrollo sexual (quería poseer a su madre y matar a su padre) para explicar el comportamiento del personaje de Edipo en el drama *Edipo,* del griego Sófocles. Así, unos críticos han aplicado las teorías del desarrollo de la personalidad desde la niñez a la madurez en obras como *Primera memoria* de Ana María Matute o *Entre visillos* de Carmen Martín Gaite.

Para ofrecer otro ejemplo, los sicólogos como Elizabeth Kubler-Ross indican que el individuo que experimenta la muerte de un ser querido pasa por una serie de etapas o fases en el proceso de recuperarse—de un estado desconsolado o apesadumbrado a un estado más normal después que muera esta persona. Unos críticos han aplicado esta teoría del proceso psicológico de recuperarse de la muerte de un ser querido a obras como las *Coplas por la muerte de su padre* por Jorge Manrique, una elegía del siglo XV, para ver cómo las partes del poema reflejan las diferentes etapas en el proceso recuperativo.

En los años setenta, el francés Jacques Lacan (1901–1981) publicó una serie de conferencias sobre la sicología, afirmando que "el subconsciente tiene la misma estructura que la lengua". Los estudios de Lacan se basaban en la obra de Freud respecto al hecho de que hay un subconsciente que se revela en la imaginación y los sueños y también en los actos que parecen inexplicables, las famosas "equivocaciones freudianas". Lo que añade Lacan es que el subconsciente utiliza "significadores" en lugar de "significados" para construir una cadena verbal y revelar su presencia. Al igual que la poesía, el subconsciente utiliza la sinécdoque y la metonimia (véase el **Capítulo 5**) para expresarse. Dice además que el subconsciente es de hecho un diálogo con el otro, lo que difiere de nuestra persona consciente, y que la verdad surge solamente a través del lenguaje. Lo que hizo Lacan fue unir la lingüística y la sicología como forma de investigación literaria.

Bibliografía adicional

Freud, Sigmund. *Introductory Lectures on Psycho-Analysis*. Trans. Joan Riviere. London: Allen, 1922.
Holland, Norman N. *The Dynamics of Literary Response*. New York: Oxford UP, 1968.
Lacan, Jacques. *Écrits: A Selection*. Trans. A. Sheridan. New York: W. W. Norton, 1977.

2.4.6.4 Las ciencias políticas, que se centran en las connotaciones políticas del texto. El tipo de crítica política más difundida hoy en día es la crítica marxista, que afirma que todo conflicto es económico y que al estudiar la significación económica del texto aislamos las bases del conflicto. Otras obras pueden ofrecer cierta posición política que refleja una toma de postura ante un gobierno determinado. En Latinoamérica, por ejemplo, durante las últimas tres décadas, la literatura ha desempeñado un papel político-social muy importante en la llamada "literatura comprometida". Obras como *El señor presidente* de Asturias, *Los de abajo* de Azuela, *Cien años de soledad* de García Márquez, "Mujer Negra" de Nancy Morejón o *Epigramas* de Cardenal narran situaciones políticas por las que sus mismos autores pasaron, con la esperanza de efectuar algún cambio. Tales obras tienen, pues, un fin extraliterario y, por ello, un estudio de su contexto político puede iluminar grandes parcelas de su contenido.

Bibliografía adicional

Eoff, Sherman H. *El pensamiento moderno y la novela española*. Barcelona: Seix Barral, 1965.
Lukás, Georg. *The Theory of the Novel. A Historico-philosophical Essay on the Forms of Great Epic Literature*. Trans. Anna Bostock. Cambridge, MA: MIT Press, 1971.

2.4.6.5 Los estudios de arquetipos/antropológicos, que afirman que la base de toda literatura es el mito y que hay ciertas figuras y situaciones que son universales. Esto explicaría la intercomunicación entre obras de distintos países, culturas y períodos históricos. Karl Jung, alumno de Sigmund Freud, fue el primero en utilizar el término *arquetipo,* que alude a personajes, situaciones o desenlaces que aparecen de forma recurrente en la literatura mundial. Ofrecía ejemplos de tales arquetipos como la Gran Madre o el Héroe-Salvador. Entonces, Isis, la diosa egipcia, Juno, la diosa romana y la Virgen María del cristianismo eran todas manifestaciones del arquetipo de la Gran Madre, y Horus, Dionesius y Cristo presentaban manifestaciones del Héroe-Salvador. Northrop Frye, autor de *Anatomy of Criticism,* es el más representativo de los defensores de este tipo de crítica. En resumen, los estudios antropológicos utilizan mitos y elementos culturales para analizar los textos.

Bibliografía adicional

Barthes, Roland. *Mythologies*. Trans. Annette Lavers. New York: Hill and Wang, 1972.
Eliade, Mircea. *Myth and Reality*. Trans. Willard R. Trask. New York: Harper Colophon Books, 1963.

Frye, Northrup. *The Anatomy of Criticism*. Princeton, NJ: Princeton UP, 1957.
Jung, Karl. *Man and His Symbols*. Garden City, NY: Doubleday, 1964.

2.4.6.6   La filosofía, que utiliza conceptos filosóficos para analizar un texto literario. Este tipo de crítica literaria se ha utilizado para explorar la conexión entre las obras de ciertos filósofos como Schopenhauer, Wittgenstein, Gadamer o Aristóteles y textos literarios para analizar cómo esta disciplina se conforma a la cosmovisión presentada en estos textos. Por ejemplo, se sabe que las obras del filósofo danés Søren Kierkegaard influyeron en el escritor español Miguel de Unamuno. Por lo tanto, conocer algo de la filosofía de Kierkegaard puede contribuir a la comprensión de *Niebla* o de *San Manuel Bueno, mártir.*

Bibliografía adicional

Benjamin, Walter. *Illuminations*. New York: Schocken, 1970.
Cascardi, Antonio J., ed. *Literature and the Question of Philosophy*. Baltimore: Johns Hopkins UP, 1987.
de Man, Paul. *Allegories of Reading*. New Haven, CT: Yale UP, 1979.
Ortega y Gasset, José. *La deshumanización del arte y otros ensayos de estética*. Madrid: Alianza, 1981.

2.4.6.7   Los estudios feministas, que estudian todos los aspectos de la literatura que pueden tener relación con los roles convencionales de género hombre/mujer. Dentro de la crítica feminista hay variedad de modos de acercamientos a un texto literario. Por ejemplo, podemos analizar cómo las escritoras presentan sus personajes de forma diferente a los escritores masculinos o identificar los estereotipos femeninos que aparecen en la literatura escrita por hombres. Hay, además, un tipo de crítica feminista llamada "ginocrítica" que se centra en el estudio de las mujeres escritoras. Este es el caso de Elaine Showalter, que publicó un estudio llamado *A Literature of Their Own: British Women Novelists from Brönte to Lessing,* en el que examina la obra de novelistas británicas bien conocidas, como Brönte y Austen. En su estudio intenta también rescatar del olvido a otras mujeres novelistas importantes cuyas obras recibieron menor atención de los críticos literarios, mayormente hombres. Estudios como éstos tratan de cambiar el canon literario o colección de obras consideradas más representativas de la literatura de un país. En las últimas décadas, en la literatura española y latinoamericana, se ha intentado rescatar del olvido obras muy valiosas de muchas mujeres, especialmente del período medieval y del Siglo de Oro, que han recibido poca atención de la crítica.

Hay otro tipo de crítica feminista que analiza y revisa los mitos sobre las mujeres creados por los hombres. Las pioneras de este tipo de crítica son Sandra Gilbert y Susan Gubar en su libro *Madwoman in the Attic: The*

Woman Writer and the Nineteenth-Century Literary Imagination. Gilbert y Gubar arguyen que la forma de escribir de las mujeres hizo creer que estaban locas y que su intención era rebelarse contra las normas sociales. Esto ocasionaría que sus obras no recibieran la atención merecida. Hay que observar, por último, que la revista *Letras femeninas* representa un gran esfuerzo por abarcar toda la crítica literaria feminista que se realiza en el mundo hispanohablante.

Bibliografía adicional

Cixous, Hélène. *The Hélène Cixous Reader*. Ed. Susan Sellers. New York: Routledge, 1994.

Gilbert, Sandra y Susan Gubar. *Madwoman in the Attic: The Woman Writer and the Nineteenth-Century Literary Imagination*. New Haven, CT: Yale UP, 1979.

Kristeva, Julia. *Desire in Language: A Semiotic Approach to Literature and Art*. Ed. Leon S. Roudiez. Trans. Thomas Gora, Alice Jardine and Leon Roudiez. New York: Columbia UP, 1980.

Moi, Toril. *Sexual/Textual Politics*. London: Methuen, 1985.

2.4.6.8   Los estudios étnicos, que se centran en el modo en que se presentan ciertas culturas y razas en una obra de literatura. Como en los estudios feministas, en los étnicos se intenta rescatar autores minoritarios omitidos en los estudios literarios generales. Estos estudios también analizan los estereotipos culturales impuestos desde fuera. Es posible que sea el palestino Edward Said el más representativo de la crítica étnica. Said afirmaba que los críticos de Europa Occidental y de los Estados Unidos, bajo el término "orientalismo", adoptan una visión retorcida del Medio Oriente y de Asia, calificando a sus habitantes como "los otros", como si fueran algo raro y diferente, y estableciendo contrastes entre estos países y Occidente. Al imponer criterios ajenos a las normas de la sociedad representada en los textos, tal actitud, arguye Said, impide que los críticos analicen la literatura dentro de sus propios ámbitos. Otros campos de estudios étnicos en las letras hispánicas se hacen eco de las influencias afro-antillanas e indígenas—maya, azteca o inca—en la literatura hispanoamericana, de la judía o árabe en la literatura española y de la literatura chicana de escritores mexicanos que residen o han nacido en los Estados Unidos.

Bibliografía adicional

Said, Edward. *Orientalism*. New York: Vintage, 1979.

Todorov, Tzvetan. *The Conquest of America*. Trans. Richard Howard. New York: Harper Colophon Books, 1985.

2.4.6.9   El postmodernismo. Este término ha provocado un sinfín de debates en el mundo académico en las últimas décadas. En contraste con la actitud de los escritores de fines del siglo XIX y del comienzo del XX (los llamados "modernistas", que pensaban que era posible encontrar la *Verdad Absoluta*), los postmodernistas afirman que no existe tal Verdad, con letra mayúscula, sino que hay sólo "verdades" con letras minúsculas, verdades individuales. Creen, pues, que tenemos una visión y una comprensión muy limitada de las cosas. No hay verdades absolutas y, por ello, tenemos que aceptar la posibilidad de que la verdad de hoy tenga que ser revisada mañana. Por extensión, no puede haber tampoco *una* interpretación de un texto literario, porque ningún texto puede encerrar toda la verdad, ni una crítica puede saber todas las posibilidades que existen en la lectura y comprensión de un texto. Los críticos postmodernistas, por lo general, niegan la autoridad de textos totalizadores, como las constituciones de gobiernos dictatoriales, o de narrativas religiosas como la Biblia, negando que haya un texto que tenga toda la verdad y que elimine las posibilidades de múltiples perspectivas. Hoy en día hay críticos que se han acercado a la literatura desde esta perspectiva, enfocándose especialmente en la novela. Así han denominado la novela de las últimas décadas del siglo XX como "la novela postmoderna", porque su característica más destacada es una conclusión ambigua y abierta. Afirman que tal novela difiere de manera fundamental de la novela decimonónica, de obras como *Fortunata y Jacinta* de Benito Pérez Galdós y *La Regenta* de Clarín que pretendían abarcar toda una sociedad de una manera decisiva para presentar la verdad sobre la situación.[6] La conclusión de tales obras ataba todos los cabos y contestaba todas las preguntas.

En contraste con esas novelas decimonónicas, la novela postmoderna *Lumpérica* (1983), de la chilena Damiela Eltit, reescribe la historia de Chile a base de los recuerdos de los que no tenían ni voz ni poder bajo la dictadura de Pinochet. Ofrece una reescritura de la historia oficial que desmantela todas sus pretensiones de ofrecer "la verdad". Al terminar tal novela es casi imposible decir "lo que pasó de veras" por la ambigüedad. De forma similar, al leer una novela policíaca postmoderna como *El misterio de la cripta embrujada* (1979) del español Eduardo Mendoza, los lectores tienen tantas preguntas sobre el supuesto crimen al terminar la última página que tenían al comienzo. El protagonista de la novela de Mendoza es interino en un manicomio, y aunque "resuelve el misterio", lo hace a base de ciertas suposiciones; nadie lo cree y además no se puede castigar a los malhechores, si los hay, porque tienen conexiones con los "peces gordos". Varias obras de la española Soledad Puértolas ofrecen otros ejemplos de la escritura postmodernista. Su cuento "A través de las ondas" (1981) subvierte las normas de la novela policíaca de tal forma que es el policía mismo quien mata a la víctima. Este policía usa su experiencia, sus habilidades detectivescas, y su autoridad para cometer el asesinato perfecto y abusar de una mujer inocente. Así, la verdad

---

[6] Según la crítica más reciente, la novela decimonónica no tiene finales tan cerrados, ni son tan totalizadores ni tan carentes de ambigüedad como se afirmaba en el siglo XIX y al comienzo del siglo XX.

del caso queda oscura y ambigua. De forma similar, en la novela de Puértolas, *Queda la noche,* la protagonista se encuentra en el centro de una red de espionaje, aunque no lo sabe hasta que vuelve de sus vacaciones. Mientras tanto, muere una amiga suya. Al final, la protagonista no es capaz de distinguir entre un accidente (la muerte de la amiga) y las acciones deliberadas de varios personajes espías. Con ello la autora quiere dar a entender que "la verdad" no se puede determinar con ninguna exactitud. En la novela postmoderna, como se ve, no existe una sola verdad, solución o crónica de eventos, sino múltiples voces y visiones que deshacen la visión monolítica de la obra moderna.

Bibliografía adicional

Jameson, Fredric. *Postmodernism, Or, the Cultural Logic of Late Capitalism.* Durham, NC: Duke UP, 1992.
Lyotard, Jean François. *The Postmodern Condition: A Report on Knowledge.* Minneapolis, U of Minnesota P, 1984.

En este capítulo hemos hecho un bosquejo de diferentes tipos de crítica literaria y, por consiguiente, de diferentes modos de acercamiento a los textos literarios. También hemos proporcionado información bibliográfica general para cada sección. Sin embargo, no hemos hecho más que "rayar la superficie", por decirlo así. Además, podemos leer y leer libros de crítica y no llegar a la literatura misma. Estas teorías son solamente herramientas para ayudar a los lectores a disfrutar y gozar de un texto literario. Dicho sea de paso, algunos críticos han comenzado a observar un cambio en la novela española y a definir éstos como constitutivos de la novela postpostmoderna. Hay que recordar que los buenos lectores usan todas sus destrezas y toda la ayuda a su alcance para sacar lo máximo de lo que leen, pero la crítica literaria o las diferentes teorías nunca sustituyen una buena lectura del texto.

2.4.7 Ejemplo de aplicación de las distintas teorías al análisis de un mismo texto

Con el fin de demostrar que es posible utilizar más de una teoría literaria a la hora de acercarse a un texto literario e iluminar diferentes aspectos del mismo, ofrecemos un ejemplo de una lectura de un dos párrafos de una novela, aplicando algunas de las teorías analizadas.

"Las sandías"

Mamá dijo que aquel día empezó el sol a quemar desde temprana hora. Ella iba para Juárez. Los soles del Norte son fuertes, lo dicen las caras curtidas y quebradas de sus hombres. Una columna de jinetes avanzaba por aquellos llanos. Entre Chihuahua y Juárez no había agua; ellos tenían sed, se fueron acercando a la vía. El tren que viene de México a Juárez carga sandías en Santa Rosalía; el general Villa lo supo y se lo dijo a sus hombres; iban a detenerlo; tenían sed, necesitaban las sandías. Así fue como llegaron hasta la vía y, al grito de ¡Viva Villa!, detuvieron los convoyes. Villa les gritó a sus muchachos: "Bajen hasta la última sandilla, y que se vaya el tren". Todo el pasaje se quedó sorprendido al saber que aquellos hombres no querían otra cosa.

La marcha siguió, yo creo que la cola del tren, con sus pequeños balanceos, se hizo un punto en el desierto. Los villistas se quedarían muy contentos, cada uno abrazaba su sandía (Campobello 131).*

Formalista. Estamos ante una narración en prosa. Las primeras dos palabras, "Mamá dijo", indican que lo que sigue es una repetición de las palabras y la experiencia de otra persona. Así, el texto contiene un cuento intercalado en el marco narrativo, y éste, a su vez, constituye una tercera voz que reproduce las palabras de Villa. Utiliza la retrospección porque se nota que la acción ocurrió "aquel día", sin indicar una fecha específica. Lo que sí se define es el lugar de la acción: en el norte de México, entre Chihuahua y Juárez, en una región árida y desértica. No es hasta el segundo párrafo que hallamos la voz de la narradora en primera persona, "yo creo", lo que hace aún más subjetivo lo narrado. La última frase concluye con una reflexión por parte de la voz narrativa sobre el estado emocional de otros personajes, los villistas, al utilizar el verbo "se quedarían" en condicional. Resumiendo, en este fragmento la voz narrativa plasma, en primera persona, desde una edad adulta, lo que recordaba su madre. La sintaxis y el vocabulario son bastante simples, lo que le da un tono infantil al relato.

Estudios de géneros literarios. La forma de este relato es evocativa y autobiográfica y puede categorizarse como memoria, género, hasta cierto punto, muy difundido en el mundo hispanohablante. La mención de Villa y de los villistas nos muestra que este episodio es un recuerdo de la Revolución Mexicana. Otras obras de este tipo son *Los de abajo* de Mariano Azuela, *Memorias de Pancho Villa* de Martín Luis Guzmán y *Campamento* de Gregorio López y Fuentes. Todas estas obras ofrecen narraciones en primera o tercera persona sobre la revolución de 1910. Nellie Campobello también relata hechos referentes al mismo general Villa; sin embargo, su obra, *Cartucho,* difiere sobremanera de otras crónicas o libros de memorias. En las crónicas de la revolución ya nombradas, el general Villa y sus soldados protagonizan la narración y excluyen a todos los que no lucharon en la revolución. En contraste, en este relato hay otros protagonistas, que incluyen a "Mamá" y a unos viajeros de un tren; así, la narración no se enfoca exclusivamente en el general Villa y sus soldados. Había muchas otras personas que fueron afectadas por la revolución, pero sus vidas generalmente no

---

*Estos dos párrafos son de la novela *Cartucho*, publicada por primera vez en 1931 por la mexicana Nellie Campobello (1900–1986). La novela consiste en anécdotas que varían en extensión desde un párrafo a varias páginas.

aparecen en la literatura de la Revolución Mexicana. Por lo tanto, la obra de Campobello contiene una serie de memorias no incluidas en otras obras de este género.

Estudios retóricos o de la reacción del lector. Este texto comienza con la palabra "Mamá", con la que la voz narrativa sin nombre se dirige a su madre. Esta palabra evoca cierta ternura en el lector porque expresa la relación íntima entre hija y madre. Además, pone en marcha una visión, hasta cierto punto infantil e inocente, de los acontecimientos narrados. El uso de frases cortas y de un vocabulario simple podría indicar que estamos ante unos campesinos. Por ejemplo, la voz narrativa comenta sobre el tiempo que hace, diciendo, "el sol empezó a quemar", utilizando una expresión típica del campo. De igual manera, describe las caras de los hombres del norte que han trabajado bajo el sol del desierto, usando los adjetivos "curtidas" y "quebradas". Por lo general, estos adjetivos se aplican a objetos de piel, lo que puede indicar un mal uso o un uso limitado de parte del personaje. Igualmente, nos sugiere que la voz narrativa es una persona joven, sin mucha formación: una campesina. Esta narradora también nos hace sonreír cuando se refiere a los villistas, hombres valerosos y violentos, diciendo que "cada uno abrazaba su sandía". Éstos generalmente abrazaban sus rifles o pistolas, y sustituir en su descripción "sandía" por "arma" nos sorprende porque no es lo que esperamos leer en el relato de una guerra. Esta descripción reduce a los héroes de la revolución a dimensiones más humanas que míticas, colocando al lector a su mismo nivel. Además, el equilibrio entre detalles específicos y concretos como Juárez, Chihuahua y el general Villa, y el uso de un lenguaje muy simple, infantil en algunos casos, pone en tela de juicio los eventos narrados en crónicas oficiales, dado que los lectores pueden sentirse mejor enterados de los sucesos narrados que la misma narradora.

También Campobello hace uso de las expectativas que los lectores tienen de la crónica de una revolución: la realización de actos heroicos motivados por razones políticas o filosóficas. Son las necesidades básicas de la vida— agua y comida—las que motivan el robo del tren. El contraste entre las expectativas de los lectores y lo que de hecho acontece en lo narrado nos sorprende y nos divierte porque resulta extraño imaginar a unos soldados fuertes, violentos abrazando sandías y no rifles, con una sonrisa en sus rostros en lugar de miradas sombrías. Así que, nos hace revisar nuestras preconcepciones sobre la historia y cómo ésta se escribe. Por lo general, no nos acercamos a libros de historia buscando la comicidad.

Estructuralismo/Semiótica/Deconstrucción. Este breve fragmento de *Cartucho* tiene dos partes fundamentales, una primera parte protagonizada por "Mamá", sujeto de "dijo", y una segunda parte que consiste en lo que dijo, una cláusula subordinada que funciona como objeto directo. El segundo párrafo vuelve al presente del "yo" que narra para ofrecer una conclusión, y se hacen reflexiones sobre lo narrado en la cláusula subordinada del primer párrafo. Esta cláusula contiene una serie de recuerdos que la voz narrativa en primera persona oyó en cierta ocasión, dado que el verbo principal, "dijo", está en pretérito. Llevando las observaciones un paso más, se puede decir que hasta cierto punto la narración se deshace o autodestruye, dado que la yuxta-posición del segundo párrafo pone en tela de juicio, en parte, lo narrado ante-riormente por los cambios de los tiempos verbales—"dijo" que contrasta con "creo"—que se hace menos concreto por el uso de "se quedarían", un verbo en tiempo condicional propicio para dicha reflexión sobre el pasado. Además, el hecho de que el tren "se hizo un punto en el desierto", o sea, que se pierde de vista, es paralelo a lo que pasa con los eventos narrados en el fluir de tiempo, alejándose del momento presente de la voz narrativa. Por otro lado, se tiende a dudar de una historia basada en recuerdos, por fieles que sean, ya que no hay manera de verificar los hechos narrados de forma convincente.

Estudios históricos. La mención de los villistas y del general Villa, personajes que existieron en la historia, nos hace ver el valor de utilizar un acercamiento histórico al texto. Se sabe que en la Revolución Mexicana (1910–1920, aproximadamente), el general Pancho Villa dirigió un grupo de soldados que lucharon contra el gobierno central de México, encabezado por el dictador Porfirio Díaz. En el norte, Villa había sido bandido al estilo de "Robin Hood", que vengaba a los pobres contra las injusticias de los grandes hacen-dados y de los federales. Cuando estalló la revolución, se alió con Madero y con Carranza, otros generales. También organizó un ejército de miles de soldados, principalmente campesinos, llamado "División del Norte", que obtuvo, en primer lugar, éxitos militares contra las tropas del gobierno y, pos-teriormente, contra las de los Estados Unidos. Con el pasar del tiempo, Villa se convirtió en un héroe del folklore, de proporciones casi míticas. La canción "La cucaracha", que muchos aprendimos a cantar en nuestras clases de es-pañol en la preparatoria, trataba de Pancho Villa y de sus soldados. Tenía fama de ser bondadoso con las viudas y los hijos de sus soldados muertos pero, al mismo tiempo, de cruel, hasta exigir la muerte de alguien por puro capricho. En sus fotos, Pancho Villa aparece en traje de charro, con un enorme sombrero mexicano y muchas veces con cinturones de cartuchos cruzándole el pecho. Sus soldados gozaban de la misma popularidad que su general, por sus excesos tanto de valor como de violencia.[7]

Al contrastar esta visión de Pancho Villa y de sus villistas con la presen-tada en el texto de Campobello, observamos un proceso de "desmitificación" de la historia. Los protagonistas de esta narración no son soldados valientes

---

[7] Los datos históricos reflejados aquí se pueden encontrar en la red electrónica, bus-cando "Revolución Mexicana". Es cierto que, tal como la misma Campobello hace, hemos simplificado la información sobre dicha revolución e incluso comentado algunos estereoti-pos de los soldados que intervinieron en ella.

luchando en batallas contra innumerables tropas del gobierno federal, sino campesinos que tienen mucha sed y que atacan un tren, no para robar dinero ni joyas como era de esperarse, sino sandías para aliviar su sed. La historia que presenta Campobello no es de grandes hazañas sino de pequeñeces contadas desde la perspectiva de una niña que recuerda lo que le contó su madre. No es un incidente que cambia el rumbo de la historia, no es una victoria decisiva de la revolución, sino un momento que humaniza a todos los protagonistas y algo que no aparece en ninguna de las crónicas oficiales de la Revolución Mexicana.

Estudios biográficos. Desde la perspectiva biográfica, podríamos notar que Nellie Campobello vivió la Revolución Mexicana y desde su ventana vio la muerte de muchos hombres en ambos lados de la contienda. Sus memorias están basadas no sólo en los sucesos que ella misma presenció sino en las historias que su madre le había contado. El lenguaje, por su simplicidad, refleja la forma de hablar de su madre y de otras mujeres campesinas del norte de México. La revolución significó para ella un momento difícil y cruel muy diferente al episodio glorioso de los libros de historia oficial. Aunque *Cartucho* presenta una visión imaginativa (a pesar de que la autora insistía que todo era verídico) de los sucesos narrados, el hecho de que Campobello viviera la crueldad de la revolución tuvo, sin lugar a dudas, un impacto profundo en su percepción de lo narrado. Es por ello que puede ser útil, a la hora de acercarnos a este texto, conocer algo de la historia personal de esta autora.

Crítica feminista. La aplicación de las teorías feministas a este texto podría tener varias formas. En primer lugar, Nellie Campobello es una mujer, lo que la distingue de los demás autores, todos hombres, que escribieron sobre la Revolución Mexicana. Que una mujer, no combatiente, se atreva a escribir sobre esta guerra hace que su perspectiva sea diferente a la de sus compatriotas. En segundo lugar, las voces narrativas que escuchamos en este texto son todas de mujeres, en contraste con otras obras del mismo tipo. Primero, oímos la voz de Mamá, una figura fuerte y clara que guarda "su" historia de la revolución en la memoria para transmitírsela a su hija, la segunda voz, o sea la voz narrativa que nos la transmite. Somos testigos aquí del "otro lado" de la guerra, la perspectiva de los soldados como seres humanos normales y corrientes, y no de momentos heroicos y transcendentales para la historia. Los villistas y su general son hombres sedientos, y nos sorprende que soldados conocidos por su crueldad y violencia se contenten con robar sandías para saciar su sed. El único acto de violencia que cometen es hacer parar el tren, sin riesgos para nadie, ni ninguna consecuencia trascendental. No parece que estemos leyendo un texto sobre una revolución. Es este lado humano y humilde, o sea, esta visión simple de la historia, la que siempre ha distinguido el quehacer literario de las mujeres escritoras. Sin embargo, es una perspectiva que ha quedado siempre excluida de las historias oficiales, escritas mayormente por los hombres. Campobello nos da el lado femenino de la historia al reducir las proporciones míticas de los hombres y de sus grandes hazañas a lo meramente humano.

Crítica sociológica y política. Como se ha dicho antes, Pancho Villa y sus soldados se crearon una reputación al estilo de "Robin Hood": robaban a los ricos para ayudar a los pobres y necesitados. Y esto parece que se refleja también en este relato. El tren representa el lado industrial en contraste con lo rural y agrícola que parece dominar el norte de México. Los viajeros parecen pertenecer a la clase media o media baja, no a la clase dominante, y se observa cómo los villistas, en este caso, no les roban nada de valor. Lo que roban son sandías, productos cultivados principalmente para exportación a los Estados Unidos. Robar a los ricos dueños de fincas de cultivos agrícolas destinados a la venta en mercados lejanos no parecía tener malas consecuencias frente a las necesidades físicas de los pobres villistas, que tenían que encontrar maneras para sobrevivir en un ambiente hostil. Una crítica marxista haría notar que todo aquí es una cuestión de economía, de satisfacción de las necesidades básicas de la vida. Los villistas representan a los pobres, o sea, al proletariado, en yuxtaposición a los dueños del tren con su carga de sandías, que representan a los capitalistas y que se aprovechan de la labor de los pobres. Aunque no se podría clasificar exactamente de marxista, la observación de los pasajeros sobre el robo expresa la posición de la clase media y baja sobre las injusticias económicas y sociales presentes en su sociedad. Nadie, ni los pasajeros ni Mamá ni la narradora, dan a entender que detener un tren y robar sea un acto reprensible o ilegal. Se trata simplemente de satisfacer las necesidades básicas para poder sobrevivir. Quizás sea lo que se esperaba en una sociedad en la que abundaban las injusticias sociales y la corrupción del gobierno.

Crítica sicológica. Con el uso del término "Mamá" para comenzar esta narración, se establece un tono infantil, dado que los niños pequeños suelen usar este título para sus madres. La sicología del niño es simple, carece de experiencia del mundo y suele aceptar lo que experimenta sin cuestionar nada. Es precisamente esta simplicidad la que encontramos en la selección "Las sandías". La narradora, que repite una historia que ha oído de Mamá, no hace ningún tipo de juicio ético o moral sobre lo ocurrido. Tampoco trata de agrandar a los protagonistas ni reenfocar lo ocurrido en términos más elevados. Sencillamente, repite la historia tal como la recibió. Incluso en el segundo párrafo, la voz narrativa parece no hacer ningún tipo de análisis sobre los acontecimientos. Es evidente que una niña no puede hacer el juicio crítico que esperamos de un adulto. Observamos también que en una guerra lo insólito se convierte en algo normal, y la condenación de las anormalidades que una guerra crea en las vidas de los niños se transmuta en una visión simplista, cercana, porque una niña no es capaz de valorar sus experiencias de una manera más racional.

Crítica arquetípica. Cada sociedad tiene sus figuras heroicas e incluso míticas. La figura de "Mamá" en este texto tiene proporciones casi míticas. Es ella quien recuerda unos momentos históricos que hay que transmitir a la próxima generación. Es ella la que de forma definitiva—expresada en "Mamá dijo"—narra cómo acontecieron los hechos. Es un tipo de Gran Madre, en la tradición de las diosas o mujeres importantes de la historia, aunque a la inversa, ya que es una mujer pobre y sin el poder que por lo normal se asocia con tales figuras. Sin duda, hay un eco de esas "Grandes Madres" en la "Mamá" de *Cartucho*.

Últimas observaciones sobre "Las sandías". Como se ha podido observar, hay múltiples formas de acercarse a un texto literario. Es cierto que hemos entablado muchas conexiones entre los distintos análisis, pero, en esencia, el resultado es diferente para cada uno de ellos. De cualquier manera, todos los enfoques utilizados nos llevan a la conclusión del gran talento narrativo de Nellie Campobello y su particular visión de un episodio de la Revolución Mexicana.

Es necesario indicar, a su vez, que hay tipos de análisis que no hemos incluido aquí porque no parecían apropiados al texto. No hemos tratado ni el religioso ni el ético—aunque se menciona algo al hablar del aspecto sociológico—ni el étnico, porque no hay referencias en la narración a un grupo minoritario dentro de su contexto social. Tampoco hemos tratado aquí la perspectiva postmodernista dado que *Cartucho* fue publicado en 1931, años antes de la llegada de esta corriente literaria. Como hemos comentado, hay que dejar que sea el texto mismo el que nos conduzca al modo literario más conveniente. No podemos acercarnos a un texto literario con un enfoque preconcebido que no aporte algo de valor a nuestro análisis y conclusiones.

Con este análisis múltiple de un mismo pasaje, hemos realizado observaciones sobre el texto de *Cartucho*. Sin embargo, no hemos tratado de comparar nuestro análisis con el de otros investigadores literarios de Nellie Campobello y de su producción literaria. Ni siquiera hemos tratado de relacionar este pasaje, "Las sandías", con el contexto más amplio de *Cartucho*, consistente en una colección de pequeños episodios conectados tenuemente entre sí, en la que se refleja la visión de una niña que recuerda lo que presenció y lo que oyó de la Revolución Mexicana. Tampoco hemos utilizado fuentes secundarias, ni hemos formulado una tesis que tratamos de defender, algo que hay que hacer cuando se pretenda hacer un análisis más profundo y extenso sobre *Cartucho*. Queda mucho por hacer. Por ello, en los próximos capítulos, explicaremos cómo se lleva a cabo la investigación literaria y cómo podemos realizar nuestro propio análisis y convertirlo en un ensayo crítico.

Obras citadas

Campobello, Nellie. *Cartucho: Relatos de la lucha en el norte de México*. México, D. F.: Ediciones Era, 2000.

Eagleton, Terry. *After Theory*. New York: Basic Books, 2003.

Foucault, Michel. *The Order of Things: An Archaeology of the Human Sciences*. New York: Vintage, 1994.

Lodge, David, ed. *20th Century Literary Criticism*. New York: Longman, 1972.

Olsen, Stein Haugom. *The End of Literary Theory*. Cambridge, UK: Cambridge UP, 1987.

Saussure, Ferdinande de. *Course in General Linguistics*. Trans. Roy Harris. Eds. Charles Bally y Albert Sechehaye. La Salle, IL: Open Court, 1972.

Stevens, Bonne Klomp y Larry L. Stewart. *A Guide to Literary Criticism and Research*. Fort Worth, TX: Harcourt Brace College Publishers, 1996.

White, Hayden. *Metahistory*. Baltimore: Johns Hopkins UP, 1973.

Capítulo 3

EL TRABAJO DE INVESTIGACIÓN EN LITERATURA

3.1 Beneficios de la investigación literaria

La investigación literaria nos ofrece beneficios muchos más amplios que los suficientemente evidentes de sacar una buena nota en nuestras clases de literatura. A través de ésta conseguimos una comprensión más profunda y amplia de la obra literaria. El número de lecturas necesarias para escribir un buen trabajo de investigación hace que lleguemos a comprender que los textos literarios son complejos, inestables y, a veces, ambiguos. Además, al escribir nuestro trabajo, comenzamos a percibir las convenciones literarias y críticas que componen el mundo del texto literario.

Cuando escribimos un trabajo de investigación, creamos un texto inédito, y al revisarlo, nos convertimos en críticos de nuestra propia obra; nos hacemos conscientes tanto de la obra objetiva de nuestro análisis, de la obra nueva de la que somos autor y del nuevo diálogo que se entabla entre ambas obras. Tenemos la oportunidad de añadir algo nuevo a lo conocido sobre el tema, de realizar conexiones no realizadas con anterioridad, de ampliar las interpretaciones existentes de un texto literario o, al menos, de comparar nuestra interpretación con la de otros muchos críticos. También tenemos la posibilidad de confirmar la validez de nuestra interpretación. Igualmente, si leemos alguna investigación literaria y nos damos cuenta de que el crítico está completamente equivocado, podemos incluso aprender de los errores o malas interpretaciones de otros.

Efectivamente, la investigación literaria nos proporciona muchas oportunidades para ampliar nuestros conocimientos, profundizar nuestra comprensión y multiplicar las perspectivas desde las que apreciamos una obra literaria, pero también entraña disciplina y cierta dificultad si no se tienen en cuenta algunos elementos y consideraciones de suma importancia.

3.2 Elementos y consideraciones esenciales en la realización de un trabajo de investigación

3.2.1 Elección del tema de investigación

En primer lugar debemos elegir nuestro tema de investigación. A veces, sin embargo, éste nos puede venir impuesto por la profesora. En muchas ocasiones también nuestro tema de investigación vendrá limitado por nuestros propios intereses o conocimientos. La elección del tema conlleva un proceso que va desde lo general hasta lo específico, como cuando se nos pide que escribamos sobre un autor cuya obra ya hemos estudiado en clase. En este caso tenemos que elegir al autor y alguna de sus obras y centrarnos en uno de los aspectos de ésta.

Veamos un ejemplo hipotético de este proceso de lo más general a lo más específico. Vamos a imaginar que tenemos que escoger un tema de investigación para nuestra clase de "Introducción a la literatura hispánica". Para ello vamos a realizar unas preguntas y a contestarlas con el fin de ejemplificar cómo se va limitando el tema en dicho proceso:

- ¿Prefiero la literatura de España o de Latinoamérica? España.

- ¿Qué género literario me interesa más? Poesía.

- ¿Qué período histórico me interesa más?, ¿el antiguo o el contemporáneo? Contemporáneo, siglo XX.

- ¿Qué autores de los que hemos estudiado hay dentro de este período? Antonio Machado, Juan Ramón Jiménez, Federico García Lorca, Blas de Otero, Gloria Fuertes, etcétera.

- ¿Cuál de estos autores me interesa más? Quizás García Lorca. Me gustó el poema de él que leímos en clase. (En este punto, se puede empezar a planear el ensayo y leer obras generales sobre el período o el autor. Véase a continuación la **Sección 3.2.2.**)

- ¿Qué aspecto me atrae la atención en su poesía? Pues, en la "Canción del jinete" hay colores como el rojo y el negro. He observado que en el "Romance sonámbulo" se menciona mucho el verde. ¿Usará colores en muchos de sus poemas? (Saber formular la pregunta adecuada y reconocer los modos de investigación, como hemos observado en los **Capítulos 1 y 2**, va a determinar nuestro acercamiento al texto literario. Una investigación siempre trata de dar respuesta a algún tipo de pregunta.)

- También en la "Canción del jinete" se menciona "jaca", o "caballo". En el "Romance sonámbulo" el cuarto verso dice, "y el caballo en la montaña". ¿Qué simbolismo puede tener esta palabra? ¿Es un elemento que aparece en muchos poemas de García Lorca? (Obviamente, la investigación literaria que estas preguntas ponen en marcha será de índole diferente aunque no menos válida que la del uso de los colores. Sin duda, el tipo de pregunta va a determinar nuestra perspectiva investigadora y la teoría crítica que se aplica. Las lecturas generales, el repaso de obras generales y la colección de fuentes secundarias de información crítica pueden ayudar en este proceso. Véase a continuación la **Sección 3.2.2.**)

Así pues, ya tenemos un tema de investigación: el uso de colores en la poesía de García Lorca (o la imagen del caballo en la poesía de García Lorca). Ya podemos empezar a leer otros poemas suyos además de los ya leídos en clase para ver si encontramos en éstos también el uso de ciertos colores (o de caballos). Igualmente podemos comenzar a consultar artículos de revistas, libros, etcétera. Claro que si el trabajo de investigación es sólo de cuatro a cinco páginas, habrá que limitar el número de poemas, posiblemente a dos o tres, o incluso analizar solamente un color, el rojo por ejemplo. Pero una vez elegido el tema, ¿qué hacemos?

3.2.2 Pasos esenciales tras la elección del tema de investigación

Creemos que los siguientes cuatro pasos son esenciales para llevar a cabo la investigación de cualquier tema literaria (Stevens y Stewart 139).

- **Planificar**
- **Realizar lecturas preliminares**
- **Consultar y repasar obras generales**
- **Buscar fuentes secundarias de información**

3.2.2.1 Planificar. Una vez que nos hemos decidido por un tema de investigación o por lo menos escogido el autor que centrará nuestra investigación literaria, necesitamos planificar el proceso de la investigación. No podemos ir a la biblioteca o a la red la tarde antes de la fecha límite de entrega de nuestro ensayo, escoger un par de artículos y escribir un trabajo "rápido" que no aporta nada que merezca la pena. Un ensayo así, fácil de redactar, tiene la misma poca sustancia y valor que la "comida rápida", y probablemente recibirá el mismo "valor nutritivo", o sea, recibirá una nota baja que reflejará el poco trabajo serio realizado. Para hacer un trabajo de investigación o un ensayo literario que pueda tomarse con seriedad, tenemos que invertir tiempo y esfuerzo.

Es necesario que tomemos nota de la fecha de entrega de cada uno de los elementos preliminares del trabajo para tener tiempo suficiente y no dejarlo para el último momento. Si no es así y solamente tenemos una fecha final, necesitamos establecer nuestro propio calendario. Lo ideal sería empezar al menos un mes antes de la fecha de entrega de la versión final. Antes de completar el trabajo final, vamos a necesitar consultar alguna bibliografía, identificar una tesis y escribir un esquema y un borrador. Es recomendable ir a la biblioteca al comienzo del curso y localizar la sección de revistas, la sección de libros sobre literatura hispánica y la sección de libros de información general que no se pueden sacar de la biblioteca.

Hay que recordar que una fuente primaria es el texto literario realizado por el autor que se investiga. En su bibliografía, se debe incluir la versión del texto que se ha usado para su análisis. Por ejemplo, *La casa de Bernarda Alba* de García Lorca es una fuente primaria. Una fuente secundaria es cualquier libro, artículo, reseña o ensayo sobre este autor y su obra que alguien escribe. Por ejemplo, *Understanding García Lorca* de Candelas Newton es una fuente secundaria.

3.2.2.2   Realizar lecturas preliminares. Es aconsejable empezar la lectura con algo muy general sobre nuestro tema de investigación como, por ejemplo, manuales de historia de la literatura, antologías, diccionarios, enciclopedias, etcétera. Éstos nos pueden dar información general del autor sobre quien vamos a escribir nuestro trabajo. Por lo tanto, si hemos decidido escribir sobre García Lorca, podemos buscar su nombre en un libro de historia literaria, en un diccionario de literatura hispánica o en una enciclopedia. Así sabremos que vivió en el siglo XX, que era de Granada, que escribió poesía y teatro y que murió fusilado en 1936 al comienzo de la Guerra Civil Española. También podemos observar en estas fuentes generales la bibliografía que han usado los expertos. No es preciso que "reinventemos la rueda". ¿Por qué no aprovecharnos de todo el trabajo ya realizado por los profesionales en el área de estudios que comenzamos? Debemos, además, recordar que cuando sacamos apuntes de estas lecturas preliminares, tenemos siempre que escribir la referencia bibliográfica con todo detalle: autor, título, lugar y fecha de publicación, edición, etcétera.

3.2.2.3   Consultar y repasar obras generales. Una vez realizada la lectura preliminar, empezamos a reunir una lista bibliográfica de las obras que queremos consultar. Por los títulos se puede determinar cuáles tendrán más que ver con el aspecto más específico de nuestro tema de investigación. Generalmente, se consultan los artículos más recientes (los que han sido publicados en los últimos cinco a diez años) porque incluyen información bibliográfica sobre estudios anteriores. Por ejemplo, podríamos consultar todos los artículos sobre el uso de colores (o el uso de una simbología animal) en las obras de García Lorca o los que mencionan un color (o un animal) determinado o los que mencionan el poema o los poemas que vamos a analizar. También podremos descubrir que García Lorca era un genio creativo, que le gustaba dibujar y que era amigo del gran artista surrealista Salvador Dalí. Quizás esta información nos pueda dar la clave que explique el uso de los colores en sus poemas. Además, podremos encontrar referencias sobre los colores (o el uso de animales como el caballo con valor simbólico) en su obra, lo que ya nos ayudaría a centrarnos algo más en nuestro tema de investigación. Ya, a estas alturas de la investigación, debemos empezar a fijarnos en los nombres de los investigadores principales que han estudiado a García Lorca—Ian Gibson, Candelas Newton, Christopher Maurer, etcétera—que aparecerán reiteradamente en las notas a pie de la página, en las bibliografías y en el mismo texto.

3.2.2.4 Buscar fuentes secundarias de información. El último paso que tenemos que dar en nuestra investigación es localizar fuentes secundarias tales como artículos de revistas profesionales y libros específicos sobre el tema de investigación. Durante los primeros tres pasos hemos ido delimitando nuestro tema, y posiblemente hayamos empezado a desarrollar una tesis que vamos a usar como elemento organizador de nuestro trabajo. Por ejemplo, si en el proceso de lectura hemos decidido que no es la poesía sino el drama que nos interesa, y que queremos estudiar la función de las mujeres en las obras dramáticas de García Lorca, entonces podríamos buscar artículos de revistas que hablasen de dicho tema. Es posible que encontremos un artículo sobre las dimensiones míticas de Bernarda Alba, la crítica feminista o el uso del color rojo en *Bodas de sangre* o sobre símbolos de fertilidad y esterilidad asociados con *Yerma*. Si hemos decidido escribir sobre *Bodas de sangre*, habrá también artículos sobre las mujeres en las otras obras de García Lorca que podrían ayudarnos en nuestra investigación. Muchas veces García Lorca, como muchos autores, usaba técnicas similares en distintas obras. En este punto, al tomar apuntes, tenemos que diferenciar entre hacer un resumen de lo que ha dicho la crítica y las palabras literales de ésta. Sería muy útil sacar fotocopia de los artículos y así no equivocarnos cuando lo citemos.

Pero hemos mencionado dos palabras clave que necesitan explicación para evitar confusiones: el tema de investigación y la tesis (*topic* y *thesis* en inglés). Veamos qué diferencia hay:

■ El tema de investigación es la idea que vamos a investigar, ya sea un autor, una obra específica o un aspecto de una obra o varias. Un tema de investigación podría ser, por ejemplo, la protagonista femenina en *La casa de Bernarda Alba* de García Lorca.

■ La tesis conlleva nuestra postura ante el tema de investigación que vamos a defender a lo largo de nuestro trabajo. Una tesis sería "García Lorca utiliza sus protagonistas femeninas en su obra *La casa de Bernarda Alba* para criticar la represión social de su época". Hay que tener cuidado y no buscar una tesis sobre la obra de su autor, en este ejemplo, García Lorca, que vaya en contra de todo lo visto por centenares de críticos literarios porque sería difícil de defender. Lo aconsejable sería buscarla en consonancia con las opiniones generalizadas de estos críticos. Por ejemplo, muchos críticos han escrito sobre la presentación negativa de las fuerzas sociales en *Bodas de sangre* de García Lorca. Si nuestra interpretación como alumno de primer curso de literatura hispánica es que es una obra muy positiva y esperanzadora porque hay amor entre la Novia y Leonardo, entonces es recomendable volver a leer la obra para ver si podemos sacar algún ejemplo del texto y confirmar nuestra tesis. Es muy posible, sin embargo, que tengamos que reformularla. (Un estudiante trató de utilizar esta tesis en su trabajo de investigación literaria, lo que hizo ver a su profesora que no había entendido ni la obra ni la crítica literaria que había leído.) No es que queramos restringir el proceso creativo del estudiante ni limitar su propio acercamiento al texto literario, pero hay que puntualizar que se debe tener cuidado con un análisis que difiera radicalmente del que ya haya realizado la crítica literaria. Así pues, siempre que se proponga una nueva perspectiva de un texto literario, tenemos que asegurarnos de que esté bien fundada en dicho texto y que no contradiga excesivamente a críticos literarios reconocidos.

3.2.2.5   Resumen de los pasos esenciales en la investigación literaria. Como hemos observado a lo largo de estos cuatro pasos, hemos ido de lo general a lo específico porque así podemos ver el contexto histórico, el social, el político, etcétera en el que vivía nuestro autor y en el que escribió sus obras. Además, nos podemos informar de los aspectos más comentados de su producción literaria, de otras obras del mismo autor o de otras obras similares del período, o podemos conseguir datos que nos puedan resultar útiles en nuestra investigación.

3.2.3 Uso de las citas en el trabajo de investigación

Hay varias normas que hemos de seguir al respecto de nuestro trabajo de investigación:

■ Usar las citas sólo para apoyar o clarificar la tesis que intentamos desarrollar en nuestro trabajo. Tenemos que tener cuidado y no citarlas simplemente porque pensamos que la crítica expresa una idea con mucha más elegancia que nosotros, porque queremos alargar un trabajo para llegar al número de páginas requeridas por la profesora o porque queremos justificar que hemos consultado un gran número de referencias bibliográficas para impresionarla. Tenemos que ser muy conscientes de que sólo hay que usar las citas con coherencia, de acuerdo con la tesis que nos hayamos planteado.

■ Usar citas breves. Utilizar en lo posible frases cortas en lugar de párrafos completos o estrofas completas de poemas, tratando de captar en ellas lo esencial para apoyar nuestra tesis. En el caso contrario, una cita larga podría crear confusión en nuestro trabajo y estropearlo.

■ Añadir algún tipo de clarificación o explicación tras la cita para subrayar que ésta es realmente relevante para nuestro análisis literario e indicar exactamente lo que el lector debe observar en ella. Esta clarificación es especialmente importante cuando se cita del texto principal o fuente primaria. No podemos asumir que nuestro lector vaya a deducir lo que nosotros hayamos observado en nuestro análisis literario. Por ejemplo, si se quiere apoyar la tesis de que García Lorca usa una serie de imágenes negativas en su poema "La guitarra" para crear un ambiente de fatalismo y cita los versos siguientes como ejemplos de estas imágenes, "Arena del Sur caliente / que pide camelias blancas. / Llora flecha sin blanco, la tarde sin mañana" (1:158), se debe añadir una clarificación y explicar por qué son tan negativas estas imágenes. Así indicaríamos que la imagen de la arena sugiere la idea de un desierto y que flores como las camelias no pueden crecer en un desierto caliente; también, que una flecha sin ninguna diana o blanco es imposible dado que una flecha ya lanzada tiene que dirigirse a un objetivo, al igual que lo es una tarde sin una mañana que la preceda, y, finalmente, que todas estas imágenes en combinación son expresiones de algo imposible, lo que provoca un sentimiento de fatalismo o unas fuerzas negativas a lo largo del poema.

Como hemos visto, saber usar bien una cita es muy importante para el desarrollo adecuado de nuestra tesis. Cualquier cita ha que tener un propósito claro, que justifique su uso, al igual que una buena introducción o transición con respecto al texto del ensayo. Esto se hace especialmente necesario cuando la cita es en una lengua diferente a la del ensayo. Stevens y Stewart dicen lo siguiente respecto a las citas: "Quotations, from either primary or secondary sources, often provide support for arguments, but they do not take the place of arguments or relieve you of the responsibility of explaining and defending all the assertions you want the reader to accept" (169–70). Es verdad que las citas apoyan la tesis, pero no sustituyen por un buen análisis de la obra literaria.

Así pues, aunque es frecuente incluir citas de otras lenguas en un ensayo crítico, es importante introducirlas con algún tipo de transición. Ir directamente "from Spanish to English" en una sola frase "with no punctuation" y sin una transición adecuada parece como "code switching"[1] y no se suele hacer en un ensayo académico. Unas expresiones de transición que se usan mucho en español son "de la manera siguiente", "del modo siguiente", "de la forma siguiente" o "así." Con el uso de tales expresiones, como hicimos en el párrafo anterior con nuestra cita de Stevens y Stewart, podemos evitar un cambio abrupto entre idiomas y hacer que el ensayo tenga más fluidez. De vez en cuando se incluye una sola palabra o dos de otro idioma sin transición y solamente entre comillas, pero para introducir una frase completa se necesita una transición que marque el cambio de un idioma a otro.

---

[1] "Code-switching" es un término lingüístico que alude al uso alternativo de dos idiomas en el mismo discurso oral o escrito sin ninguna transición. La persona que lo hace asume que los participantes entienden ambos idiomas. Este sería el caso de una clase de literatura hispánica en los Estados Unidos.

Frederick Marchman

3.2.4 Otras consideraciones

El índice de citas bibliográficas *MLA (MLA Bibliography)* es el más completo que un investigador literario puede consultar en los Estados Unidos. Sin embargo, hemos de tener en cuenta que ninguna biblioteca universitaria va a tener en sus colecciones todas las obras incluidas en nuestra lista de posibles referencias bibliográficas sobre el tema de investigación. Por lo tanto, tenemos que comenzar nuestra investigación con tiempo suficiente para poder conseguir los artículos o libros que vayamos a necesitar por medio del préstamo interbibliotecario. La biblioteca normalmente tarda entre una semana y dos en conseguirlos aunque por el mayor número de versiones electrónicas a su alcance, a veces se puede recibir los pedidos interbibliotecarios más rápidamente. De todas formas, como ya se ha observado en la sección sobre la planificación de su investigación, es aconsejable pedir un libro o artículo fundamental a su investigación con antelación. Además, hay otros índices que incluyen artículos sobre la literatura y las otras humanidades que se pueden consultar. El personal de la biblioteca puede indicarnos otras fuentes de información y otros índices que estén disponibles.

Hay que evitar el *plagio,* o el uso de ideas y palabras de otras personas sin citarlas debidamente. Cuando plagiamos, lo que hacemos es mentir al dar a entender al lector que nuestras palabras son de nuestra propia invención cuando no lo son. Para evitarlo, tenemos que citar con claridad y documentar siempre la fuente de información que hemos usado. No es necesario documentar algo que sea de dominio público, como por ejemplo, que Cervantes escribió *Don Quijote* o que Emilia Pardo Bazán es una escritora nacida en España. La forma para documentar correctamente en trabajos de investigación literaria más usada entre académicos en los Estados Unidos se encuentra en el manual *MLA (MLA Handbook).* Por lo general, consiste en el apellido del autor de la obra citada y la página entre paréntesis. Hay que reconocer, sin embargo, que hay otros estilos de documentación como *Chicago Manual of Style* o *Terabian* usados también en algunas publicaciones. De todos modos, tenemos que seguir el estilo que pida el profesor de la clase, o en un futuro, el que nos exija el editor de la revista donde se publique nuestro artículo.

El plagio es un delito académico muy serio porque nos adueñamos del trabajo de otra persona sin su permiso y, por lo general, conlleva automáticamente suspender la asignatura, con lo que ello significa de retraso en el curso académico. Es muy importante, pues, siempre citar con absoluta exactitud y no sólo en cuanto a libros o artículos sino a todo lo que se copia de la red, que como sabemos nos puede proporcionar un sinfín de datos sobre prácticamente cualquier tema. El manual *MLA* incluye también las normas que hay que seguir cuando se citan datos tomados de fuentes electrónicas.

Hay que tener mucho cuidado con toda información procedente de la red ya que cualquier persona puede publicar sus ideas en ésta sin base académica alguna y con intenciones sociales o políticas determinadas. Hay que investigar siempre cuál es el origen de la información que vamos a consultar, y para ello nos podríamos hacer una serie de preguntas: ¿Proviene de una universidad u otra institución académica? ¿Es de una enciclopedia reconocida como *Britannica* o *Columbia*? Si es así, será una información de la que nos podremos fiar. ¿Se utiliza un lenguaje coloquial y poco académico o profesional? Entonces será una información poco fiable. ¿Encaja con otras fuentes y la crítica literaria vigente? Si la respuesta es no, entonces el estudiante debe tener mucho cuidado al utilizar esta fuente.

El otro problema con mucha de la información que encontramos en la red es que puede dar una introducción a un tema de investigación aceptable pero que suele ser poco adecuada para un trabajo de investigación por su escasa profundidad o detalle. Por ejemplo, podemos encontrar alguna buena introducción sobre García Lorca y sus obras; a veces se incluyen fotografías de él y de su casa natal o escenas de La Barraca, el teatro ambulante que él dirigía en los años 1930. Sin embargo, para un análisis profundo de sus poemas o de sus personajes o de la estructura de su teatro, tenemos obligatoriamente que acudir a alguna revista académica como *Hispania, Ínsula, Cauce* o *Revista hispánica,* por mencionar solamente algunas.

Hoy en día, muchas universidades tienen instrumentos que detectan si el ensayo de los estudiantes tiene partes plagiadas. Uno de éstos es "Turnitin" (http://www.turnitin.com). Con estos instrumentos, la profesora puede descubrir si existe plagio así como el porcentaje de texto utilizado de otras fuentes. También se considera plagio—y por tanto un delito académico—entregar un trabajo que otro estudiante haya escrito o comprarlo en la misma red electrónica. Pero "Turnitin", al archivar los trabajos, también es capaz de descubrir si se han copiado trabajos de otros años y no solo los que se han entregado a nuestra profesora sino también a otros profesores de otras universidades. Resulta obvio que, además de seguir los procedimientos mostrados en este texto para realizar un buen ensayo, la honradez en su realización es igualmente crucial para tener éxito.

3.2.5 ¿Qué hago con todo esto?

Después de escoger el tema de investigación y recoger información, tenemos que hacer lo siguiente:

- Formular una tesis muy clara.

- Desarrollar un esquema de nuestro trabajo.

- Organizar la información y los apuntes según este esquema.

- Empezar a escribir un borrador o primera versión del trabajo.

- Leer y releer nuestro trabajo, haciendo todas las revisiones necesarias. En este sentido, a veces es útil leer nuestro trabajo lentamente y en voz alta. Así podremos ser más conscientes de los errores y de frases malsonantes. Saber escribir bien es en verdad saber re-escribir.

- Preparar una bibliografía, incluyendo la documentación sobre todas las fuentes primarias y secundarias que hemos citado en nuestro trabajo.

- Redactar la versión final.

En el próximo capítulo explicaremos en detalle las partes de un ensayo literario o trabajo de investigación literaria, con un ejemplo anotado de un ensayo escrito por una estudiante que incorpora todos los elementos discutidos anteriormente. (Otros ejemplos de ensayos o trabajos de investigación escritos por estudiantes que incorporan todos los susodichos elementos aparecen en el **Apéndice.**)

Obras citadas

García Lorca, Federico. *Obras Completas. 3 tomos.* Madrid: Aguilar, 1991.

Gibaldi, Joseph. *MLA Handbook for Writers of Research Papers.* 6th ed. New York: Modern Language Association, 2003.

Stevens, Bonnie Klomp y Larry L. Stewart. *A Guide to Literary Criticism and Research.* New York: Harcourt Brace, 1966.

Capítulo 4

ELEMENTOS DEL TRABAJO DE INVESTIGACIÓN O DEL ENSAYO LITERARIO

Hay muchas razones que nos impulsan a escribir un ensayo literario o un trabajo de investigación. Para los estudiantes, la más obvia es que forma parte de los requisitos de su clase de literatura y hay que hacerlo si no se quiere suspender. Pero parece ser que los mejores ensayos surgen ante el deseo de saber más sobre la obra literaria, ya sea contestando a alguna pregunta o satisfaciendo alguna curiosidad nacida durante nuestra lectura de un texto.

Sin embargo, para hacer accesible a la mayoría de los lectores lo que hemos descubierto a lo largo de nuestra investigación, hemos de organizar nuestros pensamientos y sacar conclusiones de una manera determinada. Es por ello que a continuación presentamos una forma elemental de organizar el ensayo literario, considerando que, al igual que hay muchas recetas para hacer el pan, también las hay para escribir un ensayo. La que nosotros proponemos aquí puede ser de ayuda para aquéllos que no sepan cómo empezar. Una vez que se domine, resultará fácil experimentar con otras de mayor complejidad. Veamos cuáles son estos elementos así como las características estilísticas que el ensayo literario o el trabajo de investigación ha de tener.

4.1 Primeros pasos

4.1.1 Relectura de la obra principal

El primer paso de cualquier investigación literaria comienza con una comprensión muy clara del texto literario en su plano más literal. Este "plano más literal" incluye los personajes, la acción, el lugar de los hechos, el desenlace y otros datos básicos. Después de llevar a cabo la investigación literaria descrita en el capítulo anterior, debemos volver a leer la obra que pretendemos analizar, pensando en toda la información que hemos coleccionado a lo largo del proceso de investigación. Tal relectura puede ayudarnos a enfocar de otra forma los datos recogidos, e incluso reevaluar nuestra tesis. Por ejemplo, en el cuento de la mexicana Elena Poniatowska, "El recado", no se puede empezar a hablar de los estereotipos masculinos y femeninos o el problema de comunicación entre los sexos que la autora presenta hasta que nos hayamos dado cuenta de que, en el plano más literal, el cuento trata de una mujer que le escribe una carta o un recado a Martín, que no está en casa. Luego decide que a lo mejor no va a dejarle el recado escrito con la vecina. A partir de esta comprensión de la trama en el nivel más literal, se puede observar cómo Poniatowska utiliza los estereotipos de la mujer mexicana que "espera", que "aguanta en silencio" mientras que el hombre mexicano está en la calle a sus anchas y "marcha por la vida". Entonces también podemos empezar a notar que la forma del cuento, una carta o recado, ofrece cierta ironía a la situación narrada, dado que debe funcionar para comunicar, pero, a causa de los estereotipos, nunca llega a la persona a quien se dirige. Las mujeres no se lanzan a comunicar sus emociones íntimas como el amor y el cariño. Así, la protagonista decide que a lo mejor no le deja lo escrito a Martín y solamente le pide a la vecina que le diga que había pasado por allí.

4.1.2 Enfoque

Como hemos visto en los primeros capítulos, se determina nuestro enfoque por dos factores fundamentales:

- **Las preguntas que hacemos ante el texto.**
- **El enfoque o modo crítico empleado para contestarlas** (Stevens y Stewart 1). Por ejemplo, si leemos "En tanto que de rosa y azucena" del poeta español Garcilaso de la Vega, nos podríamos preguntar, "¿Cómo usa Garcilaso el soneto?" o "¿Qué simbología tienen la rosa y la azucena?" Para responder a la primera pregunta, podríamos utilizar una teoría de géneros literarios mientras que para contestar a la segunda, posiblemente recurriríamos a la teoría de arquetipos o a un estudio de la tradición literaria de usar flores como símbolos de la belleza femenina o del tema de *carpe diem*.

Y una vez que hemos llevado a cabo la investigación literaria descrita en el capítulo anterior, hemos releído el texto para asegurar que lo entendemos bien y escogido el enfoque o acercamiento literario, estaremos preparados para organizar la información que hayamos recogido, y podremos iniciar nuestro ensayo. La definición de nuestra tesis nos va a ayudar a formular un esquema que a su vez guiará el proceso de organización de ideas y de los apuntes que hayamos podido sacar de fuentes secundarias.

"LA RECETA PERFECTA"

Frederick Marchman

4.2 Estructura del ensayo literario

El ensayo se organiza de acuerdo a las siguientes partes:

4.2.1 Introducción, en la que se deben incluir los siguientes elementos:

- *Una primera frase* para atraer la atención del lector.
- *Información de tipo contextual,* generalmente de tipo histórico, colocando a la autora y a su obra en su período histórico y país de origen. Sin embargo, toda la información ha de ser relevante al tema elegido. Por ejemplo, al comentar la violencia en la obra de Ana María Matute, puede ser necesario hablar de la Guerra Civil Española y de la infancia de esta autora. Igualmente, si analizamos la función de la política chilena en *La casa de los espíritus* de Isabel Allende, es muy posible que necesitemos saber que su tío, Salvador Allende, fue elegido como primer presidente comunista de Chile en 1971 y que después de su muerte violenta en 1973 a manos de unos soldados, bajo el mando del General Pinochet, la familia Allende tuvo que huir al extranjero.
- *La importancia e interés* que puede tener el tema de investigación elegido.
- *Identificación del enfoque y de la tesis* que vamos a utilizar, dando una explicación.

Por lo general, la última frase del primer párrafo de la introducción es la tesis. Sin embargo, esta frase puede aparecer en otras partes de la introducción. En ensayos más largos, de entre diez y quince páginas, a veces hay dos o tres párrafos introductorios, al final de los cuales se presenta la tesis. Para un ensayo de cinco a ocho páginas, un párrafo introductor de media página o dos tercios de una página bastaría.

4.2.2   Desarrollo, que incluye los puntos principales de la tesis con su desarrollo, confirmándola y/o refutándola y proporcionando los datos que apoyan nuestro argumento. Estos datos provienen del texto mismo—su origen principal—de los comentarios de críticos, y de los que hemos podido obtener de libros, revistas profesionales o de la red, es decir, de las fuentes primarias y secundarias. Así pues, el desarrollo suele tener los siguientes elementos que pueden variar según sea nuestro tema de investigación y enfoque:

■ Aplicación del enfoque y comprobación de la tesis.

■ Comentario de la aplicación del enfoque y de los datos procedentes de fuentes primarias y secundarias apoyando la tesis.

■ Interpretación de la información obtenida.

■ Conclusiones preliminares basadas en la aplicación de nuestro enfoque al texto literario.

Hay dos métodos principales usados por críticos literarios profesionales para organizar los elementos del argumento en el desarrollo de un trabajo de investigación literaria:

■ **Tesis → pruebas para apoyar la tesis → conclusión.** Este método es el más usado por académicos británicos y norteamericanos, especialmente en las clases de redacción en los departamentos de inglés. Es similar a la estructura que muchos reconocerán de sus clases de geometría en la escuela secundaria, de una demostración para probar la validez de un teorema geométrico, en el que se define la tesis en la introducción y las partes centrales que corresponden a los puntos principales que apoyan y prueban la tesis.

■ **Pregunta → investigación, paso a paso → conclusión.** Este método es el más usado por académicos del mundo hispanohablante. Se siguen los procesos mentales de la investigadora, paso a paso, revisando las pruebas y las conclusiones preliminares antes de llegar a la conclusión final. Cuando realicemos nuestra propia investigación, analizaremos este método en ensayos escritos por académicos españoles y latinoamericanos publicados en revistas profesionales.

4.2.3   Conclusión, que debe incluir los siguientes elementos:

■ Un resumen de la tesis y de los puntos principales que hayamos desarrollado en el ensayo, intentando siempre expresar esas ideas de forma diferente para así no repetir simplemente lo que ya se ha dicho.

■ La importancia de la investigación en un contexto más amplio. Esto significa dar respuesta a la pregunta, ¿Qué aporta mi investigación al mundo académico? Por ejemplo, si escribimos sobre los personajes femeninos que aparecen en *La casa de Bernarda Alba,* al final, tendremos que preguntarnos, ¿Qué aportamos al conocimiento de la obra y del pensamiento de García Lorca? Quizás podemos indicar que el escritor, mediante estos personajes femeninos, critica a la sociedad restrictiva en la que vivió y su efecto sobre las personas. También podríamos exponer que García Lorca describe en esta obra de teatro a las mujeres con una fidelidad psicológica que sentaría un precedente para la descripción de personajes femeninos en épocas posteriores o que los conflictos que se establecen en estos personajes femeninos tienen relevancia en nuestra sociedad actual. Sea como fuese, siempre hemos de buscar un contexto más amplio en el que se pueden enmarcar los resultados de nuestra investigación.

Tan importante es terminar con una buena conclusión como empezar con una buena introducción porque es la última información que aparece y que, de alguna manera, queda más impresa en la memoria de los que lean nuestro ensayo. La conclusión nos ayudará a "atar cabos".

4.2.4 Bibliografía, que debe contener todas las fuentes primarias y secundarias citadas en el ensayo. Para la fuente primaria se debe indicar la edición. La anotación de la edición tiene especial importancia para obras más antiguas, dado que puede haber variaciones entre manuscritos o ediciones posteriores que contienen ciertas revisiones que cambian el significando del texto, tal como es el caso de *El poema del mío Cid* o de *El libro de buen amor* de Juan Ruiz, por citar algunos ejemplos notables.

4.3 Estilo del ensayo literario

4.3.1 Lenguaje

Cuando se escribe un ensayo, tenemos que expresar con claridad nuestras ideas a un determinado lector. Si usamos una terminología particular, incluso términos técnicos o jerga (*jargon*), necesitamos especificarla, definirla y utilizarla sólo cuando sea absolutamente imprescindible. Así pues, debemos usar un vocabulario apropiado según las necesidades exigidas por el enfoque literario elegido y el texto que analizamos para que el discurso crítico no interfiera en la comprensión de nuestro ensayo. Algunos estudiantes intentan usar todas las palabras de cuatro sílabas que saben, y su ensayo parece más un diccionario de sinónimos. Tampoco debemos escribir con un vocabulario demasiado simplista que parezca el de un niño de diez años. Es, por lo tanto, necesario que evitemos los extremos de una jerga densa y compleja o un discurso demasiado simplista y elemental y que busquemos un lenguaje que combine la elegancia con la claridad y la lucidez.

4.3.2 Párrafos

Obviamente, vamos a tener que dividir nuestro ensayo en varios párrafos. Para ello necesitamos tener en cuenta que un párrafo desarrolla por lo general una sola idea. No debemos escribir párrafos de dos o tres oraciones porque no se puede desarrollar una idea con tan pocas palabras. Por otro lado, tampoco debemos escribir párrafos extremadamente largos que ocupen toda la página o que se extiendan a la página siguiente. Lo ideal es componer párrafos que contengan entre cinco y siete oraciones y que ocupen media página o dos tercios de ésta.

Hay también que comenzar el párrafo con una oración temática que exprese la idea central que queremos comunicar. De ahí que esta oración corresponda a una parte de nuestro esquema. Además, si forma parte del desarrollo de nuestro ensayo, la que introduzca el párrafo debe servir de transición entre el párrafo anterior y la idea siguiente. Nuestros lectores deben ser capaces de discernir la idea que vamos a tratar en el párrafo. También debemos buscar un equilibrio entre los puntos principales. No podemos dedicar tres páginas de un ensayo de cinco páginas a un punto y únicamente uno o dos párrafos a los demás puntos principales.

4.3.3 Gramática

Para realizar un ensayo es necesario conocer la gramática de la lengua en la que se va a escribir y presentar el trabajo libre de errores. Por lo tanto, es imprescindible que revisemos exhaustivamente nuestro ensayo. Es aconsejable, una vez que lo hayamos terminado, no leerlo en unos cuantos días porque así nos será más fácil encontrar los errores gramaticales y las palabras mal escritas. Un ensayo con errores da la apariencia de descuido por parte de su autor, y puede impedir incluso la comprensión de la lectora, en este caso la profesora que lo haya pedido. También puede crear la duda sobre la validez de las pruebas que hemos presentado para sostener la tesis. La profesora podría preguntarse, "¿Cómo voy a aceptar esta tesis si ni siquiera sabe escribir el título de la obra?" Igualmente, da la impresión de que no nos hemos tomado demasiadas molestias en la realización del trabajo ni prestado demasiada atención a los requisitos exigidos en el curso.

Sería conveniente, para paliar en algo los problemas de corrección, acudir al corrector ortográfico que la mayoría de los procesadores de textos traen.

 También, sería aconsejable utilizar un programa como *Atajo 4.0*, que contiene un diccionario, una lista de formas irregulares de los verbos principales y un compendio de las reglas gramaticales más importantes. Además, debemos ser cuidadosos cuando consultemos el diccionario porque, a veces, nuestros errores pueden incluso producir un efecto cómico. En un curso, alguien tradujo "Who knows?" (equivocando "nose" por "knows") por "¿Quién nariz?", lo que hizo reír al profesor encargado de evaluar el ensayo. Vale la pena conocer nuestro primer idioma bien para poder dominar el segundo. En una clase una estudiante escribió de un "ensayo pozo desarrollado", lo que dejó completamente perpleja a la profesora hasta que se dio cuenta de que la estudiante había buscado en el diccionario "well" y encontrado el sustantivo "pozo" (un lugar de donde se puede sacar agua) en lugar del adverbio "bien" (lo que significa lo que es bueno, útil y agradable), y no sabía cuál era la palabra correcta en el contexto. Los procesadores de textos, por útiles que sean, tienen sus limitaciones; y aunque ayudan mucho con la ortografía y ciertos problemas gramaticales como la concordancia entre sujeto y verbo, no pueden indicar si una palabra está bien o mal usada en cierto contexto ni desentrañar ciertos errores gramaticales. Es el deber de los estudiantes revisar sus trabajos para eliminar cualquier error que haya.

4.3.4 Mayúsculas y minúsculas

Las reglas que gobiernan el uso de letras mayúsculas en español e inglés difieren, especialmente al escribir títulos de las obras consultadas en su bibliografía. Generalmente, en inglés se escriben en letras mayúsculas todas las "palabras importantes" en un título. En español, sin embargo, esto sucede solamente con la primera palabra y los nombres propios. Se deben seguir estas reglas en los títulos de las obras consultadas que aparecen en su bibliografía. Por ejemplo, se escribe el título "Estudios sobre la poesía de Juan Ramón Jiménez" utilizando letra mayúscula solamente en la primera palabra "estudios" y en el nombre del poeta, "Juan Ramón Jiménez". Sin embargo, en inglés, "Studies on the Poetry of Juan Ramón Jiménez" se requiere que utilicemos letra mayúscula no solamente para la primera palabra, "Studies", sino también para "Poetry", otra palabra importante, además del nombre del poeta, "Juan Ramón Jiménez". Así, en todo caso, se deben seguir las reglas ortográficas del idioma en el que la obra está escrita. En el *Libro de estilo: El País*, en las secciones 11.114 hasta 11.121, se describen con más detalles las reglas vigentes sobre el uso de letras mayúsculas y minúsculas en español.

De acuerdo con lo visto, nuestro ensayo ha de tener las siguientes partes, cada cual con las características que hemos definido anteriormente:

- Introducción
- Desarrollo
- Conclusión
- Bibliografía

Analicemos a continuación, de acuerdo con los elementos estudiados, un ejemplo de un ensayo escrito por una estudiante del curso "Introducción a la literatura hispánica" del tercer año de universidad.

4.4 Análisis de un ensayo escrito por una estudiante de literatura

Este ensayo, requisito obligatorio en nuestra clase de literatura, a pesar de sus defectos, representa un buen modelo del nivel que pueden alcanzar estudiantes angloparlantes en el tercer año de universidad. En él podemos observar la culminación de todo el proceso anteriormente descrito: selección del tema, formulación de la tesis, organización de la información recogida y redacción de un primer borrador con su respectiva reescritura y revisiones antes de entregar el ensayo final. Igualmente tiene los elementos ya mencionados: hay una introducción sólida y una tesis clara, es fácil saber dónde empieza el análisis de cada uno de los puntos principales con una buena transición entre las partes, hay una conclusión que restablece la tesis y enumera una vez más los puntos claves y, finalmente, sintetiza y pone la investigación en un contexto más amplio.

Al haber sido este ensayo escrito por una estudiante cuya primera lengua es el inglés, se notará que tiene algunos errores que no hemos corregido para que se pueda constatar el nivel de español que ésta tiene en esta etapa de sus estudios universitarios. Por otro lado, el lector también comprenderá cómo tales errores podrían distraerlo.

Ejemplo

"Las posibilidades infinitas del tiempo"

Llama la atención de los lectores.

Como escritor de ensayos, poemas, y cuentos cortos, Jorge Luis   1
Borges se ha hecho conocido por todo el mundo. Borges, un
argentino, ha encontrado una audiencia abundante especialmente
para sus cuentos cortos, que según McMurray, frecuentemente
contienen "fantastic plots" (302), "the metaphysical problems of

Información contextual sobre Borges.

time and human destiny . . . and the world as a labyrinth" (303).
Este escritor completamente moderno es extremadamente experto en
jugar con "la naturaleza del tiempo, su relativismo, la circularidad,
el eterno retorno, y la memoria en el tiempo" (Tijeras 136).

La importancia del tema de investigación.

Evidentemente, el leitmotif del tiempo es muy importante en las
obras de Borges. Novaceanu cree que "nadie. . . en la literatura de
ese mundo ha inventado tantas posibilidades combinatorios para
hacernos ver mejor. . ." (167). Le gusta mezclar muchos aspectos del
tiempo en un cuento. En su cuento corto, "El jardín de senderos que
se bifurcan," Jorge Luis Borges yuxtapone tres conceptos de tiempo:

Formulación de la tesis.

limitado, convergente, e infinito, para destruir la presuposición del
lector que el tiempo es fijo y permanente.

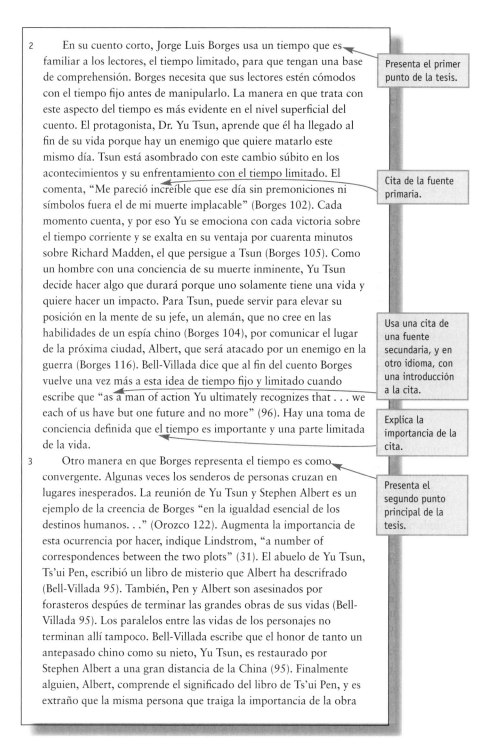

2   En su cuento corto, Jorge Luis Borges usa un tiempo que es familiar a los lectores, el tiempo limitado, para que tengan una base de comprehensión. Borges necesita que sus lectores estén cómodos con el tiempo fijo antes de manipularlo. La manera en que trata con este aspecto del tiempo es más evidente en el nivel superficial del cuento. El protagonista, Dr. Yu Tsun, aprende que él ha llegado al fin de su vida porque hay un enemigo que quiere matarlo este mismo día. Tsun está asombrado con este cambio súbito en los acontecimientos y su enfrentamiento con el tiempo limitado. El comenta, "Me pareció increíble que ese día sin premoniciones ni símbolos fuera el de mi muerte implacable" (Borges 102). Cada momento cuenta, y por eso Yu se emociona con cada victoria sobre el tiempo corriente y se exalta en su ventaja por cuarenta minutos sobre Richard Madden, el que persigue a Tsun (Borges 105). Como un hombre con una conciencia de su muerte inminente, Yu Tsun decide hacer algo que durará porque uno solamente tiene una vida y quiere hacer un impacto. Para Tsun, puede servir para elevar su posición en la mente de su jefe, un alemán, que no cree en las habilidades de un espía chino (Borges 104), por comunicar el lugar de la próxima ciudad, Albert, que será atacado por un enemigo en la guerra (Borges 116). Bell-Villada dice que al fin del cuento Borges vuelve una vez más a esta idea de tiempo fijo y limitado cuando escribe que "as a man of action Yu ultimately recognizes that . . . we each of us have but one future and no more" (96). Hay una toma de conciencia definida que el tiempo es importante y una parte limitada de la vida.

3   Otro manera en que Borges representa el tiempo es como convergente. Algunas veces los senderos de personas cruzan en lugares inesperados. La reunión de Yu Tsun y Stephen Albert es un ejemplo de la creencia de Borges "en la igualdad esencial de los destinos humanos. . ." (Orozco 122). Augmenta la importancia de esta ocurrencia por hacer, indique Lindstrom, "a number of correspondences between the two plots" (31). El abuelo de Yu Tsun, Ts'ui Pen, escribió un libro de misterio que Albert ha descifrado (Bell-Villada 95). También, Pen y Albert son asesinados por forasteros despúes de terminar las grandes obras de sus vidas (Bell-Villada 95). Los paralelos entre las vidas de los personajes no terminan allí tampoco. Bell-Villada escribe que el honor de tanto un antepasado chino como su nieto, Yu Tsun, es restaurado por Stephen Albert a una gran distancia de la China (95). Finalmente alguien, Albert, comprende el significado del libro de Ts'ui Pen, y es extraño que la misma persona que traiga la importancia de la obra

Presenta el primer punto de la tesis.

Cita de la fuente primaria.

Usa una cita de una fuente secundaria, y en otro idioma, con una introducción a la cita.

Explica la importancia de la cita.

Presenta el segundo punto principal de la tesis.

de Pen al frente es el mismo que traiga la inmortalídad a Yu Tsun por su muerte. Rimmon-Kenan cree que "the various analogies between Pen, Albert, and Tsun function to disintegrate time. . ."—y esto parece demonstrar la simultaneadad y convergencia de todo tiempo en este cuento (190). Esta repetición de experiencias es evidente en el tema del libro por Ts'ui Pen como su creencia en "the simultaneity and convergence of all past, present, and future experiences, regardless of passing time" (Bell-Villada 96). Todo tiempo es la composición del pasado y el futuro juntos (Elmajdoub and Miller 249).

Se presenta aquí el tercer punto principal de la tesis.

Probablemente, el uso de tiempo más intrigando de todos en "El jardín de senderos que se birfurcan," es el tiempo infinito, porque es con la introducción de este concepto que Borges destruye la noción aceptada del tiempo fijo para el lector y le transporta al lector a un nuevo mundo de pensamiento. Primero, en el cuento mismo de Borges hay un laberinto de argumentos. Es un efecto que Bell-Villada llame cajas chinas por los varios niveles de interpretaciones. El cuento incluye, dice Bell-Villada, "Liddell Hart's history, then Yu Tsun's sworn confession, then Albert's presentation of Tsui [sic.] Pen's novel, and. . . Tsui [sic.] Pen's book itself" (94). Rosa nota que en su descripción de las acciones de Yu Tsun, Borges omite información que es importante para "la comprehensión del cuento. La ambiguidad parece sugerir una infinidad de posibilidades" (599). El lector esta perdido durante esta parte del cuento como trata de descubrir las razones por las que Yu Tsun viaja a la casa de Stephen Albert, un hombre que busca en una guía de teléfono. En otro nivel de "El jardín de senderos que se bifurcan," el libro de Ts'ui Pen introduce el tema de posibilidades infinitos en el sendero de una vida. Como en libros de niños en que se pueden escoger sus propias adventuras, observa Lindstrom,

"Ts'ui Pen's novel does not discard the possible courses that events might have taken," pero incluye "all potential outcomes of situations" (31). El libro confunde a los lectores educados porque los capítulos no están en el orden correcto (Borges 109). El lector necesita separar todas las posibilidades del argumento mismo para comprender el cuento en total. Yu Tsun no comprende la manera en que un personaje que está muerto en un capítulo puede estar vivo en el próximo (Borges 109). El tiempo continúa sin un orden particular y continúa infinitamente. Barrenechea explica que para Borges, un hombre que vive un momento precediendo y el presente como el personaje en el libro de Pen, es una persona eterna (116), como los personajes de su propio cuento.

Buen equilibrio entre la cita de Borges y de los críticos que han comentado este cuento.

4

5

6   En su uso de muchos tipos de tiempo, Borges pide que el lector separe la realidad e illusión del tiempo. Elmajdoub y Miller comprende la razón para la mezcla de tiempo en las obras de Borges y explica: "Borges' writings give us the opportunity to recognize our revered inventions for what they are: fictions asserted as certainties . . ." (249). Nadie pueda saber por cierto lo que es verdad. Borges sugiere por el ejemplo del libro de Pen que hay muchos senderos que se puede tomar, y cada acción y decisión que se hace afecta el resultado de su vida. En "El jardín de senderos que se bifurcan," comenta, "En todas las ficciones, cada vez que un hombre se enfrenta con diversas alternativas, opta por una y elimina las otras. . ." (Borges 111–112). Sin embargo, en el libro de Ts'ui Pen, Borges experimenta con la idea del tiempo, cambiable. Orozco usa esta descripción de Borges de su propio método y opinión del tiempo de su novela *Historia de la eternidad;* "'Que fluye del pasado hacia el porvenir es la creencia común, pero no es más ilógica la contraria. . . Ambas son igualmente verosímiles e igualmente inverificables'" (121). Mientras los parientes de Ts'ui Pen no comprendieron esta posibilidad, Albert descubrió que el libro es todo uno al mismo tiempo y así es un laberinto (Borges 110). Sugiere una variedad de senderos que un personaje puede tomar para llegar a su futuro, y todos para que se toman decisiones. Las posibilidades son abiertas e interminables.

> Empieza la conclusión con una reformulación de la tesis.

> Trata de cotejar los resultados de su investigación en un contexto más amplio.

> Sintetiza todo lo expuesto y deja una fuerte impresión en la mente de sus lectores.

Obras citadas

Bell-Villada, Gene H. <u>Borges and His Fiction.</u> Chapel Hill: U of North Carolina P, 1981.

Borges, Jorge Luis, <u>Ficciones.</u> Buenos Aires: Emecé Editores, 1956.

Elmajdoub, Aburawi A., and Mary K. Miller. "The Eternal Now in Borges' 'The Garden of Forking Paths' and Pierre Menard, Author of <u>Don Quixote</u>". *Durham University Journal* 52 (1991): 249–251.

Lindstrom, Naomi. <u>Jorge Luis Borges: A Study of the Short Fiction.</u> Boston: Twayne Publishers, 1990.

McMurray, George R. "Jorge Luis Borges". <u>Vol. 1 of Encyclopedia of World Literature in the 20th Century.</u> Ed. Leonard S. Klein. New York: Frederick Ungar Publishing, 1967.

Novaceanu, Darie. "Borges para desconfiados". <u>Cuadernos Hispanoamericanos</u> 379 (1982): 153–170.

Orozco, Olga. "Jorge Luis Borges en su historia de la eternidad". <u>Cuadernos Hispanoamericanos</u> 505–507 (1992): 119–122.

Rimmon-Kenan, Shlomith. "Doubles and Counterparts: 'The Garden of Forking Paths'". <u>Jorge Luis Borges.</u> Ed. Harold Bloom. New York: Chelsea House Publishers, 1986.

> Fuente primaria.

> Ejemplo de una fuente secundaria.

Rosa, William. "Las posibilidades del dos básico en 'El jardín de senderos que se bifurcan'". <u>Revista iberoamericana</u> 85 (1991): 597–606.

Stevens, Bonnie Klomp y Larry L. Stewart. <u>A Guide to Literary Criticism and Research.</u> New York: Harcourt Brace, 1966.

Tijeras, Eduardo. "Conjeturar a Borges". <u>Cuadernos Hispanoamericanos</u> 505–507 (1992): 133–138.

4.5   Últimas observaciones

El ensayo que acaba de leer, como se ha comentado, representa la culminación de un proceso que va desde la lectura inicial de un texto literario hasta la revisión final de un trabajo de investigación sobre dicho texto. Ya hemos visto las preguntas que podemos hacer ante un texto literario, y las teoría literarias más difundidas y utilizadas por críticos literarios hoy en día. De igual manera, hemos observado que nosotros mismos podemos ser también críticos literarios. Podemos escoger un tema de investigación, según las preguntas que hacemos ante un texto, y llevar a cabo un proceso de investigación, utilizando muchas fuentes secundarias sobre nuestra fuente primaria. Con la información que hemos encontrado y evaluado, podemos empezar a formular una tesis que defendemos en un ensayo formal o un trabajo de investigación. Para compartir los resultados de nuestra investigación con los demás, escribimos un ensayo que explica nuestros descubrimientos e interpretaciones de una manera bien organizada, con una introducción, un desarrollo lógico y una conclusión que reformula la tesis y pone todo en un contexto más amplio. De este ejemplo (y los que aparecen en el **Apéndice**), podemos deducir que es posible tener éxito en este empeño académico. Leer bien, pensar de una manera crítica, analizar con destreza y escribir con lucidez son herramientas con las que se puede forjar una comprensión clara de una obra literaria—o de cualquier texto que se encuentre en cualquier contexto, académico o empresarial.

Ofrecemos a continuación un glosario con definiciones del vocabulario técnico que va a encontrar en su lectura. Los hemos dividido en varias secciones, que incluyen tanto términos generales como otros más específicos aplicados a géneros literarios como la narrativa, la poesía, el teatro y el ensayo. Además, este glosario puede ayudarle a expresarse con más exactitud.

Obras citadas

Gibaldi, Joseph. *MLA Handbook for Writers of Research Papers.* 6ª ed. New York: MLA, 2003.

Libro de estilo. El País. 18ª ed. Madrid: El Pís, 2003.

Capítulo 5

GLOSARIO DE TÉRMINOS LITERARIOS

5.1 Términos generales: Elementos literarios

Ambiente [el] (*background*): El lugar de la acción, la época histórica, la sociedad y el nivel social en que se desarrolla la acción.

Argumento [el], trama [la] (*plot*): Lo que sucede en la obra, la acción de la obra.

Conflicto [el] (*conflict*): El problema fundamental o la oposición fundamental que mueve la trama.

Estilo [el] (*style*): Las técnicas que usa el autor para presentar la obra. Incluye las construcciones sintácticas que usa, la puntuación, la forma de hablar, los detalles (muchos o pocos), etcétera.

Estructura [la] (*structure*): La disposición o la organización del tema, de los detalles de la obra literaria.

Figura retórica [la], tropo literario [el], figura poética [la], recurso poético [el] (*figure of speech, poetic device*): Grupo de palabras usadas principalmente en la poesía para elevar el discurso de un plano literal a uno simbólico, figurativo o no literal. El **símil**, la **metáfora**, la **aliteración**, etcétera, son todos ejemplos de recursos retóricos. En este glosario están las figuras retóricas más comunes.

Filosofía [la] (*philosophy, world view*): Las ideas y creencias del autor que se pueden observar en la obra literaria que examinamos y analizamos. Por ejemplo, puede haber un enfoque social, político, religioso, etcétera que refleje ciertas ideas o creencias sobre el mundo.

Género [el] (*genre*): Se refiere al tipo de obra que conforma el texto literario. Puede ser novela, cuento (infantil, de hadas, detectivesco, etcétera), ensayo, teatro o poesía. A veces, se mezclan los géneros literarios y la obra es un tipo de híbrido.[1]

Personaje [el] (*character*): La persona, animal o cosa animada que aparece como actante en una obra literaria. Hay que tener cuidado porque en español existe la palabra "carácter", pero *no* tiene nada que ver con el personaje de una obra de literatura, sino que se refiere a la personalidad moral o ética de éste. Así, este personaje puede tener un carácter bueno o malo. (*This character* [personaje] *can have a good or bad character* [carácter].)

Pregunta retórica [la] (*rhetorical question*): Una pregunta que se hace en una obra literaria para subrayar un tema o para hacer pensar a los lectores. No se espera una respuesta concreta a una pregunta retórica.

Punto de vista [el] (*point of view*): La perspectiva desde la que la voz narrativa cuenta o relata la obra literaria. Puede ser un narrador o narradora omnisciente, limitado o limitada, en primera persona, en tercera persona, objetivo, subjetivo.

Punto de partida [el] (*starting point*): La acción, experiencia o situación que forma la base y el comienzo de todo lo que sigue en el texto literario.

Símbolo [el] (*symbol*): Un elemento de la obra que tiene un significado literal y un significado extraliteral o metafórico. O sea, es un elemento que representa otra cosa o una idea abstracta. Por ejemplo, en la poesía una rosa es literalmente una flor, pero también puede significar o representar, entre otras muchas cosas, la juventud, la belleza, la pasión o el amor.

Tema [el] (*theme*): Es la idea básica que rige la obra. Por ejemplo, puede ser el amor, la muerte, etcétera. También puede constituir el valor significativo o el mensaje fundamental de una obra. Por ejemplo, en *Doña Perfecta* de Benito Pérez Galdós, se presenta el tema de la intolerancia religiosa.

Tiempo [el] (*time, chronology*): La secuencia temporal de la acción. Con mucha frecuencia encontramos en la obra un orden cronológico. A veces, sin embargo, se introduce una "retrospección" o "retrovisión" (*flashback*), es decir recuerdos o episodios que rompen el orden cronológico.

Título [el] (*title*): Por lo general, el título de una obra es significativo. Al leer la obra, nos debemos preguntar, "¿Qué relación hay entre el título y la obra misma, y qué puede decirnos para ayudarnos en nuestra lectura de esta obra?" Por ejemplo, el título del cuento "Pecado de omisión", de Ana María Matute, es sumamente importante para entender la crítica social que su autora efectúa en él.

Tono [el] (*tone, mood*): Constituye la actitud de la voz narrativa hacia la materia narrada. Puede ser optimista, pesimista, distante, emocional, fatalista, crítica, etcétera.

Trasfondo [el] (*background*): Véase **ambiente**.

---

[1] Género también equivale a "gender studies": se ha hablado de crítica feminista en el **Capítulo 2**.

5.2 Narrativa

Clímax [el] (*climax*): El punto de máxima tensión o máxima complicación en una narración.

Desarrollo [el] (*development*): La secuencia de sucesos o acciones que mueven la narración y que conduce al clímax.

Desenlace [el] (*unraveling, denouement*): La última parte de una narración en la que se explica todo y los sucesos llegan a su conclusión.

Exposición [la], planteamiento del asunto [el] (*exposition, setting up of the plot*): La primera parte de una narración en la que se presentan los personajes, la situación y el conflicto.

Fidedigno (*reliable*): Adjetivo para describir una voz narrativa en la que los lectores pueden confiar, a quien pueden creer.

Historia [la], fábula [la], argumento [el] (*story line, plot*): La acción central de una obra narrativa, o sea, lo que pasa en la narración.

Limitado (*limited, partial*): Adjetivo que indica que la voz narrativa puede ver solamente ciertos aspectos de lo que narra. El narrador o la narradora no puede saber lo que pasa en los pensamientos de otros personajes o lo que pasa cuando no está presente.

Narrador [el], narradora [la] (*narrator*): El personaje que narra la historia, cuento o novela. Es la voz que describe, hace comentarios sobre lo que se narra o se presenta en los diálogos. Hay que tener cuidado de *no* confundir el narrador con la persona de carne y hueso que escribió la obra. El narrador es siempre una creación de ficción de su autor; la persona que escribió la obra puede ser muy diferente a la que se describe en la narración.

No fidedigno (*unreliable*): Adjetivo que describe una voz narrativa en la que los lectores *no* pueden tener confianza, a quien *no* pueden creer cuando dice o cuenta algo.

Omnisciente (*omniscient*): Adjetivo que describe una voz narrativa que lo sabe todo. Este narrador conoce los pensamientos y emociones de los personajes y es capaz de hacer conexiones entre sucesos y acciones que los personajes ni ven ni entienden. Es una especie de dios del mundo de lo narrado.

Primera persona [la] (*first person*): Es el "Yo" que narra. Está claro que tal voz narrativa no suele ser completamente objetiva ni imparcial y tiene una visión limitada de lo que narra. Puede participar en la acción narrada, o puede ser testigo o espectador de lo que narra. A veces, la voz narrativa utiliza "nosotros" o "nosotras", lo que también indica que comparte lo narrado con otros personajes.

Punto decisivo [el] (*turning point*): La acción clave que determina cómo va a concluir la acción de la narración.

Suspenso [el] (*suspense*): La creación de anticipación en los lectores por parte del escritor para que sigan leyendo y vean lo que va a acontecer.

Tercera persona [la] (*third person*): Esta voz narrativa usa "el", "ella", "ellos" o "ellas" para narrar la historia. Puede tener una perspectiva limitada u omnisciente.

Voz narrativa [la] (*narrative voice*): Es la voz que se "oye" al leer una obra de prosa, sea novela o cuento, que va formando el mundo literario del texto.

5.3 Poesía

Aliteración [la] (*alliteration*): La repetición del sonido[2] inicial de varias palabras en un verso de poesía.

> *Ej:* Antes *a*legre *a*ndaba; *a*gora *a*penas[3] ("Celebra a una dama poeta, llamada Antonia", Francisco de Quevedo)
>
> En este ejemplo el sonido *a* es el sonido inicial repetido.

Anáfora [la] (*anaphora*): La repetición de la misma palabra o varias palabras al comienzo de varios versos de poesía. Sirve generalmente para enfatizar una idea o el tema central del poema.

> *Ej:* ¿Qué cosa más blanca que cándido lirio?
> ¿Qué cosa más pura que místico cirio? ("De blanco", Manuel Gutiérrez Nájera)

Antítesis [la], contraste [el] (*antithesis*): Se forma cuando la voz poética expresa unos opuestos para presentar un fuerte contraste.

> *Ej:* Miré los muros de la patria mía,
> si un tiempo fuertes, ya desmoronados. ("Enseña cómo todas las cosas avisan de la muerte", Francisco de Quevedo)
>
> Se observa que "fuertes" es el opuesto de "desmoronados".

Apóstrofe [el] (*apostrophe*): Se forma cuando la voz poética se dirige o le habla directamente a una cosa o una abstracción (o persona, aunque esto es menos común).

> *Ej:* ¡Intelijencia, dame
> el nombre exacto de las cosas! ("Intelijencia, dame", Juan Ramón Jiménez)
>
> En este ejemplo, la voz poética le habla a la "Intelijencia", a una abstracción.

Asíndeton [el] (*asyndeton*): La omisión de conjunciones.

> *Ej:* Ávila, Málaga, Cáceres,
> Játiva, Mérida, Córdoba,
> Arracudiaga, Zamora,
> sois nombres de cuerpo entero, (De *Cancionero*, Miguel de Unamuno)
>
> Se observa que no aparece ninguna conjunción "y".

---

[2] Aunque generalmente en inglés se piensa de la aliteración como repetición de las mismas letras iniciales, de hecho, en español no refiere a letras sino a sonidos.

[3] Letras bastardillas añadidas para énfasis.

Ej: Descaminado, enfermo, peregrino
en tenebrosa noche, con pie incierto ("De un caminante enfermo
que se enamoró donde fue hospedado", Luís de Góngora)

Normalmente, hay una conjunción entre los últimos dos adjetivos de una serie, "enfermo" y "peregrino", pero aquí se suprime.

Cesura [la] (*caesura*): Una ruptura o pausa en medio de un verso, que divide el verso en dos mitades o partes. La expresión viene de la palabra latina para "cortadura" o "corte", y la cesura "corta" el verso en sus dos partes o **hemistiquios.**

Ej: ¿Qué es poesía? ¿Y tú me lo preguntas?
Poesía . . . eres tú. ("Rima XXI", Gustavo Adolfo Bécquer)

Entre "¿Qué es poesía?" y "¿Y tú me lo preguntas?" hay una pausa o ruptura del verso que produce una pausa en su lectura. Esta cesura sirve para crear más tensión dramática.

Ciasmas [el] (*chiasmus*): Se forma por la inversión del orden de formas de las mismas palabras en versos paralelos, para que hagan una X, o "chi", la letra griega de donde esta figura retórica recibe su nombre.

Ej: la que peca por la paga,
o el que paga por pecar. ("Redondillas", Sor Juana Inés de la Cruz)

Se observa que en el primer verso citado, "peca" viene primero y después, "paga", mientras que en el próximo verso, el orden es el opuesto—"paga" y después "pecar", así que su estructura entre los dos versos forma una X.

Diéresis [la] (*diaeresis*): La formación de dos sílabas por un diptongo (dos vocales juntas) que normalmente se pronuncia como una sola sílaba.

Ej: La paciencia
todo lo alcanza. ("Nada te turbe", Santa Teresa de Ávila)

Generalmente, la palabra "paciencia" se pronuncia con tres sílabas. Sin embargo, aquí, se divide entre el diptongo *ie* para que esta palabra tenga cuatro sílabas, y forme parte de un poema de versos de cinco sílabas.

Encabalgamiento [el] (*enjambment, run-on line*): La falta de una pausa, de algún tipo de puntuación al final de un verso de poesía, para que se siga leyendo hasta el próximo verso, sin parar (Taaffe 54). Crea el efecto de mayor rapidez en la lectura de dichos versos. Se nota que esta expresión es una forma del verbo "cabalgar", que significa "montar a caballo" y sugiere "galopar". Así, al leer versos con encabalgamiento, se lee "a galope" sin hacer parada alguna.

Ej: Perdóname por ir así buscándote
tan torpemente, dentro
de ti. ("La voz a ti debida", Pedro Salinas)

Como se observa, no hay punto final hasta el tercer verso. Por eso, seguimos leyendo, sin pausa, hasta el último verso, indicando por la estructura del poema mismo esa búsqueda que el poeta describe.

Enumeración caótica [la] (*random enumeration, random listing*): Lista de cosas o ideas sin ningún orden aparente.

> *Ej:* Buscad, buscadlos:
> unos ojos perdidos,
> una sortija rota
> o una estrella pisoteada ("Los ángeles muertos", Rafael Alberti)

Estos versos constituyen una lista de objetos o cosas, pero no hay ningún orden; no hay gradación de mayor a menor o viceversa entre "ojos", "sortija" y "estrella". Parecen enumerados al azar.

Epíteto [el] (*epithet*): Un adjetivo colocado delante de un sustantivo que expresa una cualidad o característica de una cosa o persona que se asocia de forma automática con dicho sustantivo. El ejemplo más citado es "la blanca nieve". El adjetivo "blanco" no añade ninguna información nueva dado que se asume que la blancura es una característica intrínseca de la nieve.

> *Ej:* Un niño trajo la blanca sábana
> *a las cinco de la tarde.* ("Llanto por Ignacio Sánchez Mejías", Federico García Lorca)

En este pasaje encontramos un ejemplo de epíteto puesto que cuando se piensa en unas sábanas, por lo general se piensa en su blancura. La mención del color blanco subraya la palidez y lo frío asociado con la muerte y ofrece un fuerte contraste con la sangre roja del torero derramada en la plaza de toros.

Gradación [la], clímax [el] (*climax*): Lista de palabras relacionadas que ofrecen una gradación de mayor a menor o al revés.

> *Ej:* es un afán caduco y, bien mirado,
> es cadáver, es polvo, es sombra, es nada ("A su retrato", Sor Juana Inés de la Cruz)

Se observa aquí que los sustantivos van desde lo más sólido ("cadáver") hasta lo menos sólido ("nada"). Obviamente, reflejan el proceso de desintegración del cuerpo humano después de la muerte, uno de los temas del poema.

Hemistiquio [el] (*hemistich*): La mitad o fragmento de un verso de poesía, que va dividido de la otra mitad por una pausa en la entonación indicada, generalmente, por algún tipo de puntuación o cesura.

> *Ej:* ¿Qué es poesía? ¿Y tú me lo preguntas?
> Poesía . . . eres tú. ("Rima XXI", Gustavo Adolfo Bécquer)
>
> Cada uno de estos versos está dividido en dos partes, o hemistiquios. Así, "¿Qué es poesía?" o "eres tú" constituye un hemistiquio.

Hiato [el] (*hiatus*): Por lo general, se conecta una palabra que termina en vocal con la siguiente palabra que empieza en vocal. A veces no se hace, lo que produce una pausa o ruptura entre estos dos sonidos vocálicos, o sea, un hiato.

> *Ej:* La verdad es lo que es. (*Campos de Castilla,* Antonio Machado)
>
> Generalmente, se forma una sinalefa o se conecta entre "que" y "es". Sin embargo, en este caso, "que" y "es" forman dos sílabas distintas, para que el verso tenga ocho sílabas.

Hipérbaton [el] (*hyperbaton*): Se produce cuando la sintaxis de la frase es diferente del orden normal de las palabras.

> *Ej:* La Fortuna mis tiempos ha mordido:
> Las Horas mi locura las esconde. ("Represéntase la brevedad de lo
> que se vive y cuán nada parece lo que se vivió," Francisco de Quevedo)

El orden sintáctico normal es "La Fortuna ha mordido mis tiempos" y "Mi locura las esconde las Horas".

Hipérbole [la] (*hyperbole*): Una gran exageración.

> *Ej:* Érase un hombre a una nariz pegado,
> Érase una nariz superlativa,
> Érase una alquitara* medio viva (**still, distillery*)
> ("A un hombre de gran nariz", Francisco de Quevedo)

En estos versos de Quevedo, aparece una descripción de una nariz, que se hace más y más grande al añadirle las comparaciones de los versos siguientes hasta ser una exageración total.

Metáfora [la] (*metaphor*): Figura retórica más común. Es una comparación que no usa "como".

> *Ej:* ¿Qué es la vida? Un frenesí.
> ¿Qué es la vida? Una ilusión,
> una sombra, una ficción. (*La vida es sueño,* Pedro Calderón de la Barca)

Aquí, la voz poética compara la vida a "un frenesí", a "una ilusión", a "una sombra" y a "una ficción".

Metonimia [la] (*metonymy*): Es una comparación implícita en la que la voz poética sustituye la comparación directa por la cosa comparada.

> *Ej:* la cuna alegre y triste sepultura. ("A una rosa", Sor Juana Inés de la Cruz)

En este caso, se sustituye "cuna" por "nacer" y "sepultura" por "morir."

> *Ej:* La dulce boca que a gustar convida
> un humor entre perlas distilado, ("La dulce boca", Luís de Góngora)

Aquí se sustituye "dientes" por "perlas", implicando que sus dientes son como perlas, o sea, muy blancos.

Onomatopeya [la] (*onomatopoeia*): El uso de una palabra o expresión que imita o sugiere los sonidos naturales asociados o producidos por lo que la palabra misma significa o describe.

> *Ej:* Verde mosca, zumbándome en la frente. ("Rosa del sanatorio", Ramón del Valle Inclán)

Observamos que al pronunciar la palabra "zumbando", se produce un sonido similar al que hace una mosca cuando vuela.

> *Ej:* Como un perro de luz, lames mi lecho blanco; ("Convalecencia", Juan Ramón Jiménez)

En este caso de onomatopeya, se da la repetición del sonido *l*, en "luz", "lames", "lecho" y "blanco", un tipo de **aliteración.** (Véase aliteración.) Este sonido líquido de *l* parece imitar el ruido que hace un perro al lamer algo o a alguien, y, por tanto, es otro ejemplo de onomatopeya combinado con aliteración.

Oxímoron [el] (*oxymoron*): Es la combinación en una sola figura retórica de dos cualidades que parecen opuestas e imposibles.

> *Ej:* Sabrosa noche que en tan dulce afrenta
> el triste despedir me vas mostrando. ("Horas alegres que pasáis
> volando", Gutiérrez de Cetina)

Una afrenta es un insulto de algún tipo y se considera algo negativo, pero aquí es "dulce", una cualidad positiva en combinación con lo negativo, creando una aparente imposibilidad.

Paradoja [la] (*paradox*): Una frase o idea que parece contradecir las leyes de la lógica.

> *Ej:* Vivo sin vivir en mí
> Y de tal manera espero,
> Que muero porque no muero. ("Vivo sin vivir en mí", Santa Teresa de
> Ávila)

¿Cómo se puede vivir sin vivir dentro de una misma? ¿Cómo se puede morir sin morir o a causa de no morir? Parece ilógico, incluso imposible. Sin embargo, según el entendimiento del misterio de la vida cristiana que Santa Teresa explora en este poema, es posible y, de hecho, deseable "morir" a los intereses de una misma para "vivir" en Cristo y "vivir" con Él en el cielo; "morir" es mejor que vivir en el mundo sin Él. Así, se explica la aparente imposibilidad de la paradoja presentada.

Personificación [la], prosopopeya [la] (*personification*): Dar cualidades humanas a un objeto inanimado o a una abstracción.

> *Ej:* vino la Muerte a llamar
> a su puerta, ("Coplas por la muerte de su padre", Jorge Manrique)

Aquí se han aplicado cualidades humanas a la muerte, que se representa como una persona que llega a la puerta.

> *Ej:* Y la pobre parece tan triste
> Con sus gajos torcidos que nunca
> De apretados capullos se visten . . . ("La higuera", Juana de Ibarbourou)

En este ejemplo, se han dado cualidades humanas a una cosa, un árbol, atribuyéndole emociones como "triste" y comentando cómo se visten sus ramas, como si fuera una mujer.

Pie quebrado [el] (*half line; literally, "broken foot"*): Un verso que tiene solamente la mitad de sílabas de los otros versos anteriores. Esto rompe el fluir de los versos de una manera abrupta.

> *Ej:* Nuestras vidas son los ríos
> que van a dar en la mar
> que es el morir ("Coplas por la muerte de su padre", Jorge Manrique)

Vemos que los primeros dos versos tienen ocho sílabas, y el tercero tiene solamente cuatro, lo que produce una fuerte pausa o ruptura en el fluir del poema, tal como la muerte interrumpe el fluir de la vida.

Perífrasis [el], circunlocución [la], rodeo de palabras [el] (*periphrasis, circumlocution*): El uso de un conjunto de palabras para referirse indirectamente a una persona o cosa sin nombrarla directamente ni hacer ningún tipo de comparación.

> *Ej:* Trescientas rosas morenas
> lleva tu pechera blanca. ("Romance sonámbulo", Federico García Lorca)

Aquí, el conjunto de palabras "trescientas rosas morenas" alude de manera indirecta a las numerosas manchas de sangre que aparecen en la camisa del bandolero mal herido.

> *Ej:* . . . Un agudo cuchillo
> de luz agria y equivoca orna el medroso instante
> de un extraño esplendor, delirante, amarillo. ("Marinas de ensueño",
> Juan Ramón Jiménez)

La descripción del cuchillo alude de forma indirecta a un relámpago que ilumina un cielo oscuro de tormenta.

Polisíndeton [el] (*polysyndeton*): Consiste en la repetición de conjunciones donde no son absolutamente necesarias, dando así más énfasis al texto (Preminger y Brogan 968).

> *Ej:* cercado de su mujer,
> y de hijos, y hermanos,
> y criados. ("Coplas por la muerte de su padre", Jorge Manrique)

Observamos que se ha añadido "y" para conseguir una mayor solemnidad.

Símil [el] (*simile*): Una comparación usando la palabra "como".

> *Ej:* Caballo y jinete partieron como un huracán. ("Los ojos verdes",
> Gustavo Adolfo Bécquer)

Aquí, se comenta que la salida del caballo y su jinete tienen toda la fuerza y violencia de un huracán.

> *Ej:* Eres como la gaviota de marisma,
> (*La gaviota fosfórica*, "13", Ángel Sánchez Escobar)

Aquí, la voz poética se dirige a un "tú", comparando de forma directa a la persona a una gaviota.

Sinalefa [la] (*synalepha, elision*): El combinar la última sílaba que termina en vocal con la primera sílaba de la palabra siguiente que empieza en vocal para que formen una sola sílaba.

> *Ej:* ¡Ay, que la muerte me espera, ("Canción del jinete", Federico García Lorca)

Se conecta la palabra "me" que termina en vocal con la *e* de "espera", para que "me" y *e* formen una sola sílaba. Así, este verso tiene solamente ocho sílabas.

Sinécdoque [la] (*synechdoche*): El uso de una parte para representar el todo.

> *Ej:* Y tanto se da el presente,
> Que el pie caminante siente
> La integridad del planeta. ("Perfección", Jorge Guillén)

En este ejemplo, el "pie caminante", una parte del cuerpo humano, representa la persona entera.

Sinéresis [la] (*synaeresis, union of two vowels*): La formación de una sola sílaba por un diptongo (dos vocales juntas) que consiste en vocales fuertes y debe pronunciarse como dos sílabas distintas.

> *Ej:* Álzala gorgeador alta en volandas. ("La asunción de una rosa", Gerardo Diego)

El diptongo *ea* en "gorgeador" normalmente se pronuncia como dos sílabas distintas. Sin embargo, se pronuncia como una sola sílaba en este verso de once sílabas (endecasílabo).

> *Ej:* quejándoos, si os tratan mal,
> burlándoos, si os quieren bien. ("Redondillas", Sor Juana Inés de la Cruz)

"Quejándoos" y "burlándoos" deben ser palabras de cuatro sílabas con la formación de dos sílabas por el diptongo *oo*. Sin embargo, se pronuncia el diptongo como una sola sílaba en estos versos de ocho sílabas.

Sinestesia [la] (*synesthesia*): La combinación de dos diferentes sentidos humanos, como el oído con la visión o el sabor con lo táctil, en una sola figura retórica. Esta figura aparece frecuentemente en la poesía de los poetas modernistas de fines del siglo diecinueve.

> *Ej:* La luz de acuario de un jardín moderno
> Y el amarillo olor de cloroformo. ("Rosa del sanatorio", Ramón del Valle-Inclán)

Obviamente, "amarillo" es un color percibido con los ojos en lugar de un olor percibido con la nariz. Sin embargo, aquí aparecen unidos en la misma figura retórica que enfatiza lo sensorial de la experiencia.

5.4 Teatro

Acotación [la] (*stage directions*): Parte no hablada del texto que da una instrucción para montar la obra. Puede referirse a una parte de la escenografía, a la ropa, al tono de voz, a la luz u otro aspecto visual o no lingüístico del texto.

Acto [el] (*act*): División grande dentro de una obra dramática.

Ambientación [la] (*atmosphere, surroundings*): Utilización conjunta de todos los recursos del arte dramático (voz, gesto, movimientos, vestuario, decorado, música, sonido, luz, etcétera) para hacer realidad en escena la época, los personajes, las situaciones y el estilo de vida que correspondan a la obra que se represente. Está actualmente de moda "ambientar" obras clásicas en época moderna, para lo cual hay que adaptar los parlamentos a un contexto de actualidad.

Aparte [el] (*aside*): Un comentario que hace un personaje directamente a los espectadores cuando otros personajes están presentes en el escenario. Ayuda a los espectadores a interpretar las acciones que ocurren, especialmente si lo que ocurre difiere bastante de lo que pasa de verdad.

Auto sacramental [el] (*religious drama*): Un drama con tema bíblico o de la doctrina de la Iglesia Católica. Estas representaciones servían para enseñar a las masas iletradas las doctrinas de la Iglesia, en especial durante la Edad Media y el Siglo de Oro (siglos XVI a XVII en España). Casi siempre terminaban con la presentación de la Hostia. El fragmento dramático más antiguo en español se llama *El auto de los tres reyes magos*.

Comedia [la] (*comedy, play*): (a) Una obra dramática en la que predominan los aspectos placenteros y que tiene una conclusión feliz, o (b) una obra de extensión larga escrita durante el Siglo de Oro (siglos XVI a XVII en España) sin importar si tiene una conclusión feliz o triste. El gran dramaturgo Lope de Vega fijó las características de la comedia en su obra *El arte nuevo de hacer comedias*.

Decoración [la] (*props*): Aunque puede usarse como sinónimo de decorado, esta palabra se utiliza para referirse a los accesorios, mobiliario y demás detalles con que se completa el decorado.

Decorado [el] (*scenery, decor, setting*): Conjunto de elementos como telones, trastos, bastidores, etcétera que se coloca en el escenario para crear el ámbito de la puesta en escena.

Dramaturgo [el], dramaturga [la] (*dramatist, playwright*): Una persona que escribe una obra de teatro.

Entremés [el] (*comic interlude, one-act play*): Una obra dramática de un acto, generalmente cómico. Durante el Siglo de Oro (siglos XVI a XVII en España), se representaban entremeses entre los actos o jornadas de las comedias principales para ofrecer un descanso divertido, cómico, de la acción seria. El escritor más famoso de entremeses era Miguel de Cervantes.

Escena [la] (*scene*): La división pequeña de un drama dentro de un acto o una jornada. La escena cambia cada vez que un personaje entra o sale.

Escenario [el] (*stage*): El lugar físico dentro del teatro donde los actores representan la obra dramática.

Escenografía [la] (*scenography, set design*): Labor de creación y diseño del **decorado** para una puesta en escena. Modernamente se tiende a subrayar el término escenografía y escenógrafo frente al **decorado**, ya que éste aún sugiere el escenario "decorado" con telones pintados como simple fondo de la acción, mientras que aquéllos se refieren a la concepción moderna del decorado como elemento expresivo en sí mismo, ámbito donde se funden los demás componentes de la puesta en escena (Portillo y Casado).

Espectadores [los] (*audience*): Las personas que asisten a la representación de una obra de teatro. Existe en español la palabra "audiencia", pero por lo general se refiere a una cita formal ante algún personal jurídico, religioso o monárquico, como por ejemplo una audiencia con el Papa (*an audience with the Pope*). Además, "audiencia" puede referirse a un "conjunto de personal que, en sus domicilios respectivos o en lugares diversos, atienden en un momento dado un programa de radio o de televisión" (Real Academia Española 229). Aunque a veces en Latinoamérica se ve "audiencia" utilizada como sinónimo de "espectadores," en España no se usa en este contexto.

Jornada [la] (*act*): Una división grande dentro de una obra dramática. Principalmente, se usaba este término en las comedias del Siglo de Oro (siglos XVI a XVII en España). Viene del español antiguo e indicaba un período o tiempo de duración del trabajo de los obreros (Real Academia Española 1206).

Monólogo [el] (*monologue*): Un parlamento o discurso de cierta extensión que tiene a su cargo un personaje en presencia de otros personajes, sin esperar de éstos una respuesta inmediata. Se trata por tanto de un discurso que no provoca intercambio verbal y que es en cierto modo separable de su contexto dramático. Tal es el caso de las arengas, discursos políticos y proclamaciones, así como los informes que da un recién llegado sobre lo sucedido fuera de escena, las evocaciones líricas y los lamentos. Es distinto del **soliloquio**. También se ha llamado tradicionalmente monólogo a la representación en la que interviene un solo personaje o un solo intérprete, aunque en la actualidad se usa para ello "monodrama".

Público [el] (*audience*): Véase **espectadores.**

Soliloquio [el] (*soliloquy*): Parlamento de cierta extensión a cargo de un personaje cuando está solo en escena o cree estarlo. El personaje se habla a sí mismo en voz alta para ayudar a los espectadores a entender su estado mental o sus emociones, dado que no hay en la obra dramática un narrador para desempeñar esta función. Es la convención por la que un personaje habla consigo mismo, pensando en voz alta. El soliloquio más famoso de la historia del teatro es sin lugar a dudas el "To be, or not to be" de *Hamlet*. En la literatura española, probablemente el soliloquio más famoso es "¿Qué es la vida? Un frenesí" de *La vida es sueño* de Calderón de la Barca. Es distinto del **monólogo.**

Teatro del Absurdo [el] (*Theater of the Absurd*): Un tipo de obra teatral que parece desafiar las leyes de la lógica para presentar una crítica de la sociedad o de la condición humana. Este tipo de obra dramática logró popularidad después de la Primera Guerra Mundial y continuó en los años cuarenta y cincuenta con obras de Eugène Ionesco, Bertholt Brecht, Samuel Beckett y Osvaldo Dragún.

Teatro Social [el] (*social theater*): Un tipo de teatro cuyo objetivo es presentar un problema actual de la sociedad. En España, en los años 1950, dramaturgos como Alfonso Sastre y Antonio Buero Vallejo popularizaron este tipo de teatro.

5.5   Ensayo

Analogía [la] (*analogy*): Una comparación extendida que se realiza entre dos cosas basada en una semejanza explícita. Tal comparación sirve, en muchos casos, como el punto de partida para todo un ensayo y ofrece cierta estructura a la obra. Por ejemplo, en su ensayo "El cholo", Eugenio María de Hostos compara las Américas a un horno (*oven*) cuando se cocina una torta. Sus elementos (harina, azúcar, huevos, leche) se mezclan para formar algo nuevo y, de forma similar, cuando se mezclan las razas en el Nuevo Mundo, se forma una raza nueva: el mestizo.

Axioma [el] (*axiom*): Una verdad o certeza que no se tiene que probar.

Ensayo dramático [el] (*dramatic essay*): Un ensayo que se presenta en forma de diálogo o conversación entre dos o más personajes, sean humanos, animales u objetos. Aunque este tipo de ensayo parece más una obra de teatro, el diálogo no sirve para adelantar la acción o caracterizar a los personajes. Su objetivo es exponer ciertos puntos de vista con el fin de que los lectores acepten la perspectiva ofrecida por uno de los personajes que sirve de portavoz del autor. En la literatura clásica, los "Diálogos" de Platón y "Dialogues Concerning Natural Religion" de David Hume (inglés, siglo XVIII) representan buenos ejemplos de ensayo dramático. El filósofo español José Ortega y Gasset, en el siglo XX, usa este formato en su ensayo "Diálogo sobre el arte nuevo".

Ensayo ensayístico, persuasivo [el] (*persuasive essay*): El fin o la meta de cualquier ensayo es persuadir al lector a aceptar el punto de vista y las ideas expuestas por el escritor o escritora. Este tipo de ensayo muestra abierta y claramente su deseo de persuadir a su lector o lectora, usa una estructura muy organizada, emplea la lógica formal y ofrece una conclusión al final. "El cholo" del puertorriqueño Eugenio María de Hostos ejemplifica este tipo de ensayo.

Ensayo meditativo, ensayo poético [el] (*meditative or poetic essay*): Un tipo de ensayo que ofrece una meditación o exploración personal del tema. Por lo general, usa una lógica menos formal que la del ensayo ensayístico o persuasivo y tiene una estructura más libre basada en una serie de ideas sobre el tema que se le ocurrió al autor o a la autora. Además no llega a una conclusión definitiva y clara sino que explora las ideas conectadas con el tema central presentado. "Y las madres, ¿qué opinan?" de la mexicana Rosario Castellanos es un buen ejemplo de un ensayo meditativo o poético.

Ensayo narrativo [el] (*narrative essay*): Un tipo de ensayo que cuenta una historia o anécdota para ilustrar y probar la tesis. La voz narrativa funciona como editor de un artículo persuasivo del periódico en el que moldea su historia para que quede clara su perspectiva sobre los sucesos narrados y, por lo tanto, la tesis que sostiene la voz narrativa. Los ensayos del español decimonónico, Mariano José de Larra, como "Vuelva usted mañana" y "La nochebuena de 1836" ejemplifican el ensayo narrativo.

Lógica formal [la] (*formal logic*): Una expresión objetiva, sin emociones, impersonal, presentada en forma de exposición, paso por paso, con conexiones razonadas entre cada idea o punto clave.

Lógica informal [la] (*informal logic*): Una expresión subjetiva, personal, a veces emocional, presentada en forma de una meditación, que salta de punto a punto con solamente conexiones tenues entre las ideas o los puntos expuestos.

Teorema [el] (*theorem*): Una expresión que encierra una verdad o certeza que tiene que ser probada o demostrada.

Tesis [la] (*thesis*): Una idea que se trata de probar o sostener a lo largo de un ensayo. Es una postura o actitud ante el tema de la investigación.

Obras citadas

Portillo, Rafael y Jesús Casado. *Abecedario del teatro*. Sevilla: Centro Andaluz de Teatro, 1992.

Preminger, Alex y T. V. F. Brogan, Eds. *The New Princeton Encyclopedia of Poetry and Poetics*. Princeton, NJ: Princeton UP, 1993.

Real Academia Española. *Diccionario de la lengua española*. Madrid: Espasa-Calpe, 1992.

Taaffe, James G. *A Student's Guide to Literary Terms*. Cleveland, OH: World Publishing Co., 1967.

APÉNDICE

A continuación, ofrecemos otros ejemplos de ensayos literarios escritos por estudiantes en nuestra clase de tercer año de literatura. Todos, como el ejemplo que ya apareció en el **Capítulo 4,** fueron escritos por estudiantes cuya primera lengua era el inglés. Ellos, como la estudiante cuyo ensayo apareció anteriormente, siguieron los pasos indicados en este texto: escoger el tema de investigación; buscar fuentes secundarias; organizar la información recogida para formular una tesis clara; escribir una primera versión y repasarla, corrigiendo errores hasta conseguir estas versiones finales. Debido a que fueron escritos por estudiantes, los ensayos tienen todavía errores, pero no los hemos corregido para que se vea cuanto pueden lograr los estudiantes de este nivel, además de los problemas causados por tales errores.

Ejemplo 2

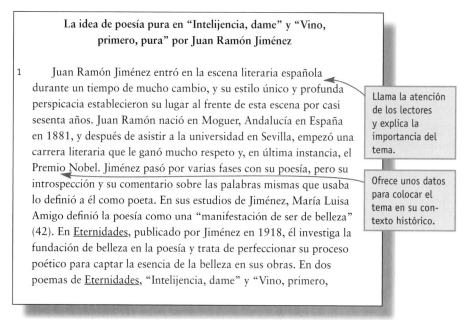

La idea de poesía pura en "Intelijencia, dame" y "Vino, primero, pura" por Juan Ramón Jiménez

1   Juan Ramón Jiménez entró en la escena literaria española durante un tiempo de mucho cambio, y su estilo único y profunda perspicacia establecieron su lugar al frente de esta escena por casi sesenta años. Juan Ramón nació en Moguer, Andalucía en España en 1881, y después de asistir a la universidad en Sevilla, empezó una carrera literaria que le ganó mucho respeto y, en última instancia, el Premio Nobel. Jiménez pasó por varias fases con su poesía, pero su introspección y su comentario sobre las palabras mismas que usaba lo definió a él como poeta. En sus estudios de Jiménez, María Luisa Amigo definió la poesía como una "manifestación de ser de belleza" (42). En Eternidades, publicado por Jiménez en 1918, él investiga la fundación de belleza en la poesía y trata de perfeccionar su proceso poético para captar la esencia de la belleza en sus obras. En dos poemas de Eternidades, "Intelijencia, dame" y "Vino, primero,

> Llama la atención de los lectores y explica la importancia del tema.

> Ofrece unos datos para colocar el tema en su contexto histórico.

pura," Juan Ramón Jiménez explora la hermosura en sus obras, se enfoca en lo estético, y redefine su estilo en busca de la poesía pura.

Hay muchas interpretaciones del concepto de la poesía pura, y es importante distinguir cómo definir la poesía pura para el estudio de estos dos poemas. El concepto formal de la poesía pura se data desde 1920 con Valéry en Francia. Valéry describió "la poésie pure" como "la gracia secreta y la esencia espiritual que, sin precepto alguno que pueda explicarlas, convierte un lenguaje dado en poesía" (Blasco Pascual 180). Es importante recordar que Eternidades fue publicado en 1918, antes de la definición formal de poesía pura emitido por Valéry. Hay una controversia sobre cómo definir la poesía de Jiménez antes de la concepción de la poesía pura, porque su proceso de formar este tipo de poesía empezó unos años antes de la etiqueta de Valéry en 1920. Algunos críticos llaman la poesía de Jiménez "poesía desnuda," pero la evolución de sus obras muestra que está reduciendo los elementos impoéticos, y Howard Young dice que la "poesía desnuda" es el equivalente en español a la "poesíe pure" de Valéry (20).

Aparte del argumento semántico, Juan Ramón Jiménez fue el modelo para la poesía pura española en los años veinte, y empezó a formar su estilo puro unos años antes (Amigo 49). La base de poesía pura es la extracción de todos los elementos que no son poéticos. Hablando de la poesía pura, Blasco Pascual dice, "Juan Ramón lo utiliza para nombrar ese elemento misterioso y no reglamentado que da coherencia y valor poético a todos los demás elementos congregados en el poema" (184). Este tipo de poesía comunica la belleza sin elementos superfluos. Jiménez realizó poesía pura con una técnica sencilla y espontánea, porque su preparación permitió que sus ideas fluyeran de una manera pura y natural (Young 20). Parece una contradicción, pero la poesía pura para Jiménez era el resultado de mucho trabajo y mucha preparación. Sus efuerzos laboriosos son evidentes en "Inteligencia, dame" y "Vino, primeo, pura," en que Juan Ramón Jiménez cuestiona la esencia de la poesía y explora la evolución de su proceso poético.

En "Inteligencia, dame," Jiménez empieza, "¡Inteligencia, dame / el nombre exacto de las cosas!," pidiendo un título franco, no imágenes vagas que eran características de los modernistas (Young 21). Aquí Jiménez quiere cavar más allá de la superficialidad de las palabras y entender la esencia de las cosas. La palabra exacta está desnuda de ornamentación y otras cosas que pueden distraer al lector, y esta palabra, está libre de reglas lógicas (Blasco Pascual 266). 'La idea de desnudez, o pureza, aparece aquí en el comentario

2

3

4

Antes de comenzar su análisis, explica el término "poesía pura" que va a utilizar, y da su historia.

Frase de transición entre lo teorético y su utilización en "Inteligencia".

Aquí empieza la discusión del primer punto de la tesis.

de Blasco Pascual. Jiménez está buscando el corazón de la palabra poética, lo que expresa exactamente lo que quiere. Después del pedido de "el nombre exacto de las cosas," el poema continúa en los versos tres y cuatro, "...Que mi palabra sea / la cosa misma" (Friedman et al. 187). María Luisa Amigo analiza el sentido de estos primeros versos diciendo, "El poeta, creador de belleza por la palabra, busca ahora la palabra esencial" (113). Se puede ver que el principio de "Intelijencia, dame" habla de la poesía pura porque el poeta quiere saber la esencia de las cosas, y quiere que sus palabras expresen estas ideas fundamentales.

> Buen equilibrio entre citas de fuentes primarias (los poemas) y las secundarias.

> Explica la importancia de la cita que acaba de usar.

5   Además de la búsqueda de la poesía pura, este poema explora el papel de la poesía y del poeta. En el verso cinco, Jiménez dice que quiere que su palabra sea "creada por mi alma nuevamente," sugiriendo que el papel del poeta debe ser cambiar las palabras un poco para añadir una novedad mientras mantiene el sentido puro (Young 21). La sección central de "Intelijencia, dame" habla de las funciones de la poesía, como Jiménez dice, "Que por mi vayan todos, / los que no las conocen / ... los que ya las olvidan / ... los, mismos que las aman" (Friedman 187). Juan Ramón sugiere que la poesía debe servir para enseñar cosas que los lectores no conocen, recordar cosas que los lectores ya olvidan, y hablar de cosas que los lectores aman. Jiménez ha tratado del tipo, de cosas que quiere y de lo que quiere que estas cosas hagan. Paul Olson observa que en este poema, las cosas mismas son los objetos del amor y de la contemplación (212). Jiménez quiere comunicar con todos, y este poema provee una receta para realizar eso. Su poesía pura es un producto de su filosofía, y "Intelijencia, dame" describe su tarea que es muy delicada y muy difícil.

> Aquí empieza punto dos.

6   "Vino, primero, pura" es un poema que describe la filosofía evolucionada de Juan Ramón Jiménez y, al mismo tiempo, capta la esencia de la poesía pura. John Wilcox lo describe como un desarrollo dialéctico de la poesía y el poeta (513). Jiménez investiga la forma de su poesía, explícitamente el grado de ornamentación, y obtiene la verdad con la desnudez de la poesía. El conflicto en este poema ha sido explicado como una dicotomía con el arte puro contra la retórica (Friedman 80). La poesía, que es el sujeto, del poema, empieza muy inocente y natural, pero como una mujer, la poesía "se fue vistiendo" hasta que es "una reina, fastuosa de tesoros," pero a Jiménez no le gusta la ornamentación, y dice que "fui odiando" y estaba lleno de "iracundia de yel." Cuando la poesía "fue desnudando," la voz poética, que es Jiménez, sonreía, y la desnudez que sigue le da mucha excitación, como exclama al

final, "¡Oh pasión de mi vida, poesía / desnuda, mía para siempre!"
(Friedman et al. 187). En un articulo sobre este poema, Edward
Friedman da un buen resumen, diciendo lo siguiente: "[T]he poet
ultimately rejects excessive ornamentation in a search for
representational exactitude" (77).

"Vino, primero, pura" describe la evolución poética de Jiménez   7
en su búsqueda de regresar a la pureza del principio. Con el
desnudamiento del adorno innecesario, la poesía se hace más pura
y más verdad (Pérez Romero, 182). Jiménez menciona un niño en
la primera estrofa, y este proceso es como una persona buscando
la inocencia y la alegría que tenía cuando era niño. La adición
de la ornamentación causa una pérdida de sentimientos, y eso es
la preocupación de los poetas de poesía pura (Friedman 77). La
adición de elementos que no son poéticos o necesarios desmerece
el impacto y la belleza del poema. Es interesante notar que
aunque este poema da un excelente ejemplo de la idea de la poesía
pura y muestra como, la poesía de Jiménez evolucionó, el poema
mismo tiene un elemento grande que no debe ser considerado puro.
La mayor parte del poema, los primero dieciséis versos, hablan de
una mujer, y el lector no sabe la verdadera identidad del sujeto
hasta los últimos dos versos. En este punto de vista, la retórica
esconde la identidad del sujeto, que en realidad es la poesía
(Friedman 80). Por eso, es imaginable que algunos críticos creen
que este poema no es un ejemplo verdadero de poesía pura de
Jiménez, pero todavía es un excelente ejemplo de la idea de
poesía pura, y no hay duda que él está buscando perfeccionar la
forma pura.

Juan Ramón Jiménez ganó el Premio Nobel de Literatura en   8
1956 por su gran contribución al mundo literario, que incluyó más
de veinte libros de poesía. Unos días después, su esposa se murió,
y él no escribió nada más. Es difícil evaluar el impacto de las
obras de Jiménez, pero es cierto que él es uno de los poetas más
famosos de España y del siglo XX. El dinámico desarrollo de su
poesía pura puso a Jiménez en un movimiento solo, entre la
Generación de 1898, los modernistas, y la Generación de 1927.
Jiménez dijo, "La belleza y la verdad son los grandes asuntos de
nuestro mundo," y él hizo todo lo, que podía para simplificar
estos asuntos y compartirlos con el mundo (Urbina 285). En
medio de todo el ajetreo y las complicaciones en el mundo del
siglo XXI la pureza y sencillez de la poesía de Juan Ramón Jiménez
podría ilustrara todas las personas y cambiar su vista enrevesada de
la vida.

Utiliza una expresión de transición entre su ensayo en español y la cita en inglés.

Aquí empieza la discusión del punto tres.

Conclusión.

Obras citadas

Amigo Fernández de Arroyabe, María Luisa. Poesía y filosofía en Juan Ramón Jiménez. Bilbao: Universidad de Deusto, 1987.

Blasco Pascual, Francisco Javier. La poética de Juan Ramón Jiménez: Desarrollo, contexto y sistema. Salamanca: Cursos Extraordinarios, 1981.

Friedman, Edward H. "Art and Rhetoric in Jiménez' 'Vino, primero, pura.'" Romance Notes 23.1 (1982): 77–81.

Friedman, Edward H., L. Teresa Valdivieso, and Carmelo Virgillo. Aproximaciones al estudio de la literatura hispánica. 4th ed. Boston: McGraw-Hill College, 1999.

Olson, Paul R. Circle of Paradox: Time and Essence in the Poetry of Juan Ramón Jiménez. Baltimore: Johns Hopkins Press, 1967.

Pérez Romero, Carmen. Juan Ramón Jiménez y la poesía anglosajona. 2nd ed. Spain: Universidad de Extremadura, 1992.

Urbina, Pedro Antonio. Actitud modernista de Juan Ramón Jiménez. Pamplona: Ediciones Universidad de Navarra, 1994.

Wilcox, John C. "'Naked' versus 'Pure' Poetry in Juan Ramón Jiménez, with Remarks on the Impact of W. B. Yeats." Hispania 66.4 (1983): 511–521.

Young, Howard T. Juan Ramón Jiménez. New York: Columbia University Press, 1967.

Ejemplo 3

Ya que hemos analizado el ensayo estudiantil sobre Borges en el **Capítulo 4** y el ensayo estudiantil sobre Juan Ramón Jiménez arriba, a continuación, le ofrecemos la oportunidad de examinar este ensayo estudiantil sobre César Vallejo para ver si usted puede identificar las partes mencionadas anteriormente: la tesis, sus tres puntos principales y la conclusión. Al final del ensayo, indicaremos los números de los párrafos del ensayo donde aparecen estos elementos.

La Muerte y la Esperanza en la Poesía de César Vallejo

1. César Vallejo fue un poeta que rompió todas las reglas de poesía y presentó ideas sobre la integridad humana y los efectos negativos de la guerra en su poesía y literatura. Nació en Santiago de Chuco, Perú, y fue una gran parte de la vida literaria y política de su edad en Latino América. Aunque Vallejo fue de una familia muy pobre, logró el doctorado en Filosofía y Letras en la Universidad de la Libertad en Trujillo. Se

trasladó a Lima y allí empezó su carrera literaria y el activismo
político. Publicó <u>Los Heraldos Negros</u> en 1919, y en 1920
estuvo encarcelado por sus ideas marxistas. Cuando estuvo   10
escondiéndose antes de su detención, escribió la obra <u>Trilce</u>. En
los años siguientes vivió una vida muy difícil y nunca tuvo
mucho dinero. Pasó tiempo en Rusia y París, España, y al final
París otra vez donde se murió. Antes de su muerte escribió
<u>España, aparte de mí este cáliz</u>, fruto de sus experiencias en la   15
Guerra Civil Español, que ocurrió de 1936 a 1939. En esta obra
se puede ver sus sentimientos contra la guerra y el sufrimiento y
otros efectos negativos causados por los enfrentamientos
bíblicos. En sus poemas "España, aparte de mí este cáliz,"
"Masa," y "Pequeño responso a un héroe de la república,"   20
César Vallejo expresa el dolor, la soledad, y la agonía de ser
víctima de la guerra por medio de imágenes de la muerte y las
emociones y descripciones del cuerpo fragmentado, y él usa ecos
de la retórica religiosa para comunicar esperanza en medio de la
guerra y la muerte.   25
   2. Las imágenes de la muerte y la tristeza comunican los
sentimientos negativos que tiene Vallejo sobre la guerra. Por
ejemplo, en su poema "España, aparte de mí este cáliz,"
describe España como "la madre España con su vientre a
cuestas; / está nuestra maestra con sus férulas, / está madre y   30
maestra", y siempre habla a los "niños del mundo" que
representan toda la gente de España (Vallejo 415.) En este
poema, España es como una madre y la gente son como sus
hijos. Para la gente, la derrota de la República es como la
muerte de la madre y entonces son huérfanos. Roberto Paoli   35
escribe, " 'España Madre,' pues, es madre de todos los niños del
mundo. Si a los niños del mundo le falta la madre, el destino
que les está observando es uno de orfandad, miseria, abandono,
y dolor" (Paoli 370-1). La imagen de la derrota de España como
la muerte de la madre que causa la orfandad de sus hijos ilustra   40
la tristeza y los sentimientos negativos que tiene Vallejo sobre la
Guerra Civil Española y la guerra en general.
   3. En su poema "Masa," un hombre que luchó en la batalla
ya está muerto y uno, después dos, después más y más hombres
acercaron al cuerpo del hombre muerto. El primero dice, "¡No   45
mueras, te amo tanto!" y los dos suplican, "¡No nos dejes!
¡Valor! ¡Vuelve a la vida!" (Vallejo 411). Los hombres hablan
con mucha emoción, representado por las frases cortas que
tienen los signos de admiración. Le habla al cuerpo, "¡Quédate

hermano!" aunque es probable que sus palabras no vayan a   50
tener ningún efecto en la salud del hombre ya muerto (Vallejo
411). Hablan con desesperación y sus gritos expresan la tristeza
profunda sobre la muerte y el dolor causados por la guerra. Los
hombres llama al muerto "hermano" porque se parece como el
hombre es muy precioso según ellos, como un miembro de la   55
familia, y entonces Vallejo puede ilustrar la tristeza profunda de
la muerte de una persona a causa de la guerra, como cuando
uno pierde a un hombre u otra pariente. Carlos Meneses escribe
"Vallejo asume el dolor colectivo, deja que esa amargura
penetre en su sangre y se mezcle con su propia amargura"   60
(Meneses 7). Vallejo expresa la hermandad de todos los seres
humanos por ser hombres mientras la frase "Pero el cadáver
¡ay! siguió muriendo" transmite la falta de la esperanza en esta
situación (Vallejo 411).

　　4. También hay imágenes de la muerte y la tristeza en el   65
poema "Pequeño responso a un héroe de la república." Hay una
imagen notable del cadáver del muerto en este poema también.
Vallejo describe la escena como lo siguiente:

　　　un libro quedó al borde de su cintura muerta,
　　　un libro retoñaba de su cadáver muerto.   70
　　　Se llevaron al héroe,
　　　y corpórea y aciaga entró su boca en nuestro aliento
　　　(Vallejo 407).

Esta descripción del muerto es muy realista, descriptiva, y física
y por eso se puede entender la realidad de la muerte y los   75
sufrimientos de los que no mueren, causados por la guerra. La
agonía y el dolor emocional y física que tiene la gente a causa
de la guerra son revelados por la descripción de los que llevan
el cadáver. La voz poética, probable un soldado en la guerra,
dice, "sudamos todos, el ombligo a cuestas; / caminantes las   80
lunas nos seguían; / también sudaba de tristeza el muerto"
(Vallejo 407). Ellos están tan tristes que "sudan" la tristeza,
y casi se puede sentir literalmente el peso del cadáver y
figuradamente el peso de la muerte como consecuencia de
la guerra.   85

　　5. Otra manera por la que Vallejo comunica el dolor y la
humanidad deshecha como resultado de la guerra es por medio
de descripciones del cuerpo fragmentado en estos tres poemas.
En "España, aparte de mi este cáliz," él usa partes del cuerpo

para describir lo que pasa si cae España. Por ejemplo, dice   90
"si cae / del cielo abajo su antebrazo que asen / . . . ¡que pronto
en vuestro pecho el ruido anciano!" y "si cae / . . . ¡como van a
quedarse en diez los dientes, en palote el diptongo, la medalla en
llanto!" (Vallejo 415). Estas partes del cuerpo, el antebrazo, el
pecho, y los dientes son usados para expresar el papel del   95
cuerpo en las batallas y los efectos negativos en la persona
individual, como su cuerpo y su identidad están rotos a causa
del conflicto.

     6. El poema "Masa" refleja el uso del cuerpo fragmentado
para expresar la separación entre la comunidad de los que están   100
afectados por la guerra. Después de la batalla, un hombre se
murió y los hombres lo rodearon para tratar de resucitarlo. Un
hombre, el primero, no puede, ni el segundo y el primer juntos,
ni "veinte, cien, mil, quinientos mil" que llegan. Cada vez, "el
cadáver ¡ay! siguió muriendo" hasta al fin del poema (Vallejo   105
411). Las relaciones entre los individuos y también entre toda la
comunidad de España están destruidas, y por eso los hombres
en el poema no se pueden conectar físicamente ni espiritualmente
con él que está muriendo ni los otros. La frustración de estos
hombres queda patente en su exclamación, "¡Tanto amor y no   110
poder nada contra la muerte!" (Vallejo 411.) Es demasiado tarde
para estos hombres para tratar de relatarse uno a otro porque la
guerra y la muerte han causado separación entre individuos y
todo del país. Por eso, Vallejo comunica la soledad como resulto
de la guerra.   115

     7. En "Pequeño responso" Vallejo pone mucho énfasis en el
cuerpo quebrado para ilustrar la separación entre la vida y la
muerte a causa de la guerra. Por ejemplo, hay un contraste entre
el cadáver y los que lo llevaron. Los versos ya citados, "Todos
sudamos, el ombligo a cuestas, / también sudaba de tristeza el   120
muerto" (Vallejo 407.) Los hombres sudando representan la
vida y el sufrimiento que experimenta a la gente, simbolizado
por su sudor. El "ombligo a cuestas" es como el centro del
cuerpo y por eso representa el centro del país, del hombre, y de
lo humano. Sobre el ombligo, Adam Sharman dice "[it] gestures   125
to the center of man . . . '[h]ombligo' denotes man's link with
the species, denotes man's origins at the same time as it effects a
decentering of each and every man" (Sharman 127). Ademas,
Sharman escribe que el ombligo es el lugar donde se separan el
bebe y la madre, una imagen de una parte del cuerpo quebrado.   130
Vallejo también usa partes del cuerpo y describe el cuerpo

fragmentado como "al borde de su cintura muerta," "su boca
en nuestro aliento," "poesía del pómulo morado, entre el
decirlo / . . . que acompañara a su corazón" (Vallejo 407).
Todos refieren al cuerpo muerto o fragmentado y la poesía del   135
libro es también para los muertos, los cuerpos quebrados.
    8. Mientras Vallejo escribe de la agonía, dolor, y soledad de
la guerra, especialmente la Guerra Civil Española, también en sus
poemas hay signos de esperanza que la muerte es para una causa
buena y que los ideales y causas que son defendidos por los   140
soldados van a durar. Luis Monguio escribe, "Para Vallejo esos
muertos eran muertos que sobrevivían, inmortales pero no con
la inmortalidad de la gloria o la fama, sino con la inmortalidad
que consiste en pervivir en la existencia real de sus camaradas
supervivientes y sucesores" (Monguio 374). Él entiende que la   145
guerra y la lucha causan muchos sufrimientos, pero ofrece
esperanza que va a estar una madre nueva en "España, aparte de
mí este cáliz." James Higgins dice lo siguiente: "The title echoes
the words of Christ in the garden of Gethsemane (Matthew,
24:39), implying that for the poet such a tragedy would be an   150
unbearable torment" (Higgins, "On the Socialism of Vallejo"
12-13). En los últimos versos, la voz poética dice "salid, niños
del mundo; id a buscarla!" (Vallejo 416). Vallejo sabe que la
derrota es inevitable, pero como dice Higgins, "he invites
humanity to continue working and struggling to create the   155
socialist society that he would never see in his own life-time"
(Higgins, "On the Socialism of Vallejo" 15.)
    9. "Masa" tiene algún ejemplo muy bueno del uso de la
religión en los poemas de Vallejo. A lo largo del poema, hasta al
fin, un hombre "siguió muriendo." Al fin del poema, "abrazó al   160
primer hombre; echóse a andar . . ." (Vallejo 374). El amor de
todos los hombres todavía no es suficiente para salvar el
hombre, pero el milagro empieza con solamente un hombre.
Joseph Adamson dice "The miracle depicted in the poem
evokes, of course, the resurrection of Lazarus, but perhaps even 165
more significantly it recalls the episode, recounted in three of the
Gospels, in which Jesus cures a paralytic" (Adamson 154).
Como dice James Higgins, "La resurrección del combatiente
simboliza el dominio del hombre sobre la naturaleza y el
destino" (Higgins, "La revolución y la redención del hombre"   170
327). Los hombres que rodearon tratar de reanimar el que
muere, pero al fin es el primer que lo ayuda a levantarse y andar,
comunicando que el futuro y la paz están en las manos de los

humanos. Requiere a todos los hombres para tener la paz, pero
la búsqueda empieza con uno.   175
    10. Los ecos de la religión aparecen en "Pequeño responso"
también para darle a la gente la esperanza. En el poema, la voz
poética dice, "Y un libro, en la batalla de Toledo, / un libro,
atrás un libro, arriba un libro, retoñaba del cadáver" (Vallejo
407). Joseph Adamson lo explica así, "a book is born, sprouts   180
('retoñaba') from the corpse of the dead loyalist hero . . . The
flesh is made word. The gift of one's life gives birth to - small
but infinite thing - a book" (Adamson 171). Esta idea refleja la
idea bíblica que las palabras de Cristo se hacen en carne y
figuradamente viven entre la gente del mundo. De hecho, Cristo   185
era "la palabra hecha carne." Según Luis Monguio, lo que
Vallejo quiere expresar es que "la pervivencia de esos ideales,"
las razones para la guerra, traen la esperanza para la gente en
vez de la tristeza de la guerra (Monguio 375).
    11. Vallejo, un escritor muy activo en la vida política, usa   190
imágenes de la muerte y el cuerpo fragmentado para expresar la
agonía, dolor, y la soledad causados por la guerra. Pero, también
hay ecos religiosos en sus poemas que reflejan la esperanza que la
gente vaya a avanzar en la vida y continuar luchando por sus
causas. Aunque Vallejo se da cuenta que España va a caer, no se   195
olvidó de la fuerza que tiene cada persona para continuar
luchando por las ideales socialistas. Dice que la guerra y perder
la vida no son buenas pero es necesario luchar para ganar sus
derechos y hacer cambios sociales que deben ser aceptados. Esto
es aplicable por cualquier parte de la vida política y social. Su   200
poesía escrita durante la Guerra Civil Española transciende su
época y aplica a las guerras en cualquier edad y país.

Obras citadas

Adamson, Joseph. "Vallejo, Prometheus, and the Flesh Made
    Word." The Poetry and Poetics of César Vallejo. Ed. Adam
    Sharman. Lewiston: Edwin Mellen Press, 1997: 154.

Higgins, James. "La revolución y la redención del hombre."
    Aproximaciones a César Vallejo. Ed. Angel Flores. 2 vols. New
    York: L.A. Publishing Company, 1971: 327.

———. "On the Socialism of Vallejo." The Poetry and Poetics of
    César Vallejo. Ed. Adam Sharman. Lewiston: Edwin Mellen
    Press, 1997: 12–13, 15.

Meneses, Carlos. Introducción. "Breve Noticia de César Vallejo." By
    César Vallejo. Poesía completa. Puebla: Premiá, 1988: 7.

Monguio, Luis. "La muerte y la esperanza en la poesía última de Vallejo." <u>César Vallejo</u>. Ed. Julio Ortega. Madrid: Tauras, 1981: 374–5.

Paoli, Roberto. "España, aparta de mi este cáliz." <u>César Vallejo</u>. Ed. Julio Ortega. Madrid: Tauras, 1981: 370–1.

Sharman, Adam. "Vallejo's Personae." <u>The Poetry and Poetics of César Vallejo</u>. Ed. Adam Sharman. Lewiston: Edwin Mellen Press, 1997: 127.

Vallejo, César. <u>Poesía completa</u>. Puebla: Premiá, 1988.

Análisis del ejemplo 3

Introducción: Párrafo 1. Se nota que la tesis que identifica los tres puntos principales es la última frase de este párrafo.

Desarrollo:

1. Primer punto principal: La expresión de dolor en los tres poemas de César Vallejo. Empieza en Párrafo 2.
2. Segundo punto principal: El uso del cuerpo fragmentado. Empieza en Párrafo 5.
3. Tercer punto principal: Las imágenes religiosas empleadas para traer esperanza en medio de la guerra. Empieza en Párrafo 8.

Conclusión: Párrafo 11.

Ejemplo 4

Ya que usted ha examinado tres ensayos estudiantiles, al leer este cuarto ejemplo, trate de notar donde empieza cada elemento del ensayo que se ha descrito varias veces. ¿Puede usted desarrollar un esquema (*outline*) que indica la organización de este ensayo? Usted encontrará nuestra versión al final del ensayo para que pueda comparar su versión con la nuestra.

El Uso de Tradición e Innovación en la "Soledad Primerá"

Las tradiciones literarias de la etapa barroca tienen sus origenes en las tradiciones clásicas, particularmente las viejas formas de la poesía pastoral y épica. Don Luis de Góngora, un poeta barroco con una tradición en su vida personal de no seguir las convenciones (Wilson xi), es un de los grandes innovadores españoles del siglo diecisiete. Su obra "Las Soledades" es una colección de cuatro poemas, de la que solamente Góngora terminó la primera y parte de la segunda. La "Soledad Primera" sigue la vida de un peregrino sin nombre y solo. El viaje del peregrino entre las ciudades y el campo

5

define la estructura del poema: el peregrino es una persona que, 10
entre su soledad, "has lost touch with his own society, an exile
sometimes consumed by nostalgia, sometimes hoping to flnd in his
journey a new homeland" (Beverly 3). Góngora usa su héroe como
héroe épico, pero celebra los elementos pastorales por todo el
poema. Su poema la "Soledad Primera" es una mezcla de las 15
tradiciones épicas y pastorales, pero con un nuevo enfoque en la
metáfora en lugar de la tradición de la alegoría para criticar las
estructuras sociales de su cultura, e inventar una nueva forma de
expresión literaria.

La tradición épica tiene sus orígenes occidentales en la antigua 20
poesía griega y romana. La épica, según las convenciones
tradicionales, sigue las acciones de una persona heroica en forma
de episodios: en cada episodio, el héroe tiene que superar unos
obstáculos en su camino hasta obtener su meta. El peregrino de
"Las Soledades" funciona como héroe épico en ésta obra. El viaje 25
del peregrino empieza con un naufragio: el peregrino era "antes
sorbido y luego vomitado" por el mar. Éste comienzo es comparado
con un nacimiento; es el comienzo no solamente de su viaje, sino
también de su colección de experiencias y educación. Como un
héroe épico, su viaje va a enseñarle de la vida. El peregrino, el héroe 30
de las "Soledades," es la figura que une el resto del poema, y es el
enfoque de la acción.

Los episodios del peregrino ocurren en forma de encuentros con
varios personajes. Sin embargo, éstos encuentros, en vez de ser
obstáculos, son oportunidades para que el peregrino aprenda algo. 35
Cada persona —dos pastores, que le ofrecen comida y una lugar
para dormir, y le guían, varias "montañesas," un hombre viejo, y
una boda de mucha gente pastoral-le ofrece una oportunidad para
no estar solo: para romper la soledad. El significado de su soledad es
en el enfoque de—pastoral, pero este poema es también un episodio 40
en la épica más grande de las cuatro soledades. La "Primera
Soledad" es la primera de cuatro poemas y trata del campo; las
otras tratan de la costa, del bosque, y del desierto. El mundo del
peregrino, como los mundos de las figuras heroicas en las historias
greco-romanos, es más grande que lo de la realidad, y es "curiously 45
artificial and rich" (Wilson xvi-xv). Este mundo le da al peregrino la
materia para la significativa de su viaje.

A lo largo de todo su viaje, el peregrino se encuentra con gente,
no como enemigos como se ve en las épicas tradicionales, pero con
gente celebrada por "their health and vigor, [...]their natural 50
generosity and warmth, [and] the wisdom of their elders"

(Beverly 62). El campo, para Góngora y para su peregrino, es un lugar para escapar y ganar sabiduría, y no una lugar de destitución. Un pastor viejo le guía entre parte de las montañas después de él le ofrece al peregrino comida y una lugar para dormir. Cuándo el 55 peregrino abandona al pastor,

> baj[a] el joven admirando
> [. . .]
> en el pastor mentidos, que con arte
> culto principio dió al discurso (233-36). 60

Esta admiración refleja la tradición pastoral: la poesía descriptiva que celebra todos los elementos del campo, y que usa los elementos como símbolos de todo lo que es bueno. Cada elemento del campo que encuentra el peregrino es celebrado no solamente por sí mismo, sino por sus aspectos pastorales. El peregrino pasa su 65 primera noche con los pastores en una cama muy simple, pero con "más regalado / sueño [...] que al príncipe entre holandas,/ púrpura tiria o milanés brocado" (163-66). La comparación que ofrece Góngora de la cama de pieles y las riquezas del "príncipe" demuestra dos objetivos: lo valiosa que es el campo, y por otro lado, 70 una crítica de los elementos de la nobleza y de la monarquía que están presentados por la ciudad.

El significado de la combinación de estas tradiciones de la épica y de la pastoral es para realizar esta crítica. Beverly dice que los elementos del campo, con sus orígenes en el campo de Andalucía, 75 reflejan sentimientos específicos: "disenchantment with the Court and political destiny of Spain, [and] a desire to construct something that can be posed against an oppressive authority" (4). En estos sentimientos, tenemos la función de las dos tradiciones de la poesía. El viaje representa, para el peregrino, un escape de la "soledad" del 80 corte, y en la estructura formal de la vida de la clase alta. Su encuentra con la gente y el ambiente del campo, no funciona como desafíos a su viaje, sino como ayudantes. Góngora demuestra la crítica de la otra vida en todas los elementos que se celebran en el campo. La gente es generosa no solamente en lo que le dan al 85 peregrino, sino también en su ayuda y su conversación: otra manera por la que el peregrino se escapa de la soledad. La gente de los cortes, entonces, es una gente sin las actitudes generosas ni agradables; es una gente preocupado con lo formal, y no con la vida en realidad que viven los campesinos. Los nobles españoles del siglo 90 diecisiete eran también bastante altaneros en que creían de sí mismos que "por su nobleza y merecimiento tiene en España la

preeminencia de poderse cubrir delante del Rey" (Chaifee-Sorace
30). Los carácteres de la gente del campo son el opuesto de esta
descripción, y por lo tanto son, para Góngora, los mejores.   95
    Góngora usa su lenguaje en describir la naturaleza para reflejar
este mismo tema. Toda el lenguaje de la naturaleza es lenguaje de
celebración. Después de que el peregrino se acuesta de su noche con
los pastores, oye las aves, "esquilas dulces de sonora pluma" (177),
que "señas dieron suaves/ del alba al Sol" (178-79). Su lenguaje le   100
da una cierta alegría en esta simple canción de las aves por la
mañana: es mejor, para Góngora, que los sonidos que se puede oír
en las ciudades y el corte. También, cada una de las figuras que
encuentra el peregrino es de cierta manera conectada con la
naturaleza. Los pastores, ya discutidos, pasan todos sus días   105
viviendo entre los animales y el campo. Góngora describe las
mujeres con quienes el peregrino encuentra en metáforas de la
naturaleza también. Una de las jóvenes que ve el peregrino es

> Del verde margen otra las mejores
> rosas traslada y lilios al cabello,   110
> o por lo matizado o por lo bello,
> si Aurora no con rayos, Sol con flores (247-50).

    Todas las comparaciones que hacen el poeta son con elementos
de la naturaleza: el cabello es como flores, más bello que el alma,
es como el sol. Las comparaciones celebran no solamente la chica   115
campesina, sino también la naturaleza: que el poeta compara la
belleza de la chica a la naturaleza celebra la naturaleza también.
    Las metáforas como ésas son los señales de la poesía de
Góngora. Su uso de lenguaje es un una innovación que hace la
forma de su poesía algo nuevo. La tradición de la comparación en   120
la forma poética que usa Góngora para este poema es la alegoría.
La alegoría, que parecía en la literatura antes de la metáfora, es
bastante clara: la figura alegórica es lo con que es comparado. En
el caso de la metáfora, la cosa es como la idea u objeto de
comparación, y "da carácter fundamental a nuestra lírica barroca"   125
(Lázaro 25). Góngora es el gran gigante de la metáfora; sus
comparaciones dependen no solamente de una comparación directa,
sino en todas las connotaciones y referencias indirectas que la
libertad de la metáfora ofrece. Casi todas de las descripciones en el
poema son en forma de metáforas; en una observación del   130
peregrino, las reflexiones del sol en el agua son "fanal [es]" del
"arroyo" y el "agua vidriera" (676-7). Ésta representa otra
posibilidad para la interpretación del titulo, y del objetivo del

peregrino: para construir un mundo nuevo, en que el viaje del
peregrino es "a retreat into art," (Beverly 7) que crece una nueva   135
arte, "that galvanized outworn poetic devices" (Wilson xvii). El
mundo del peregrino es la poesía: refleja la realidad, pero con el
énfasis del poeta con el lenguaje e imágenes en la realidad del campo
y no la que conocen los de la corte.

La "Primera Soledad" representa ciertas constantes en la poesía   140
de Góngora, pero también trata a los temas específicos de la crítica
de la civilización y la celebración de la poesía. Él usa dos formas
tradicionales de la poesía, y depende de sus significativas, pero
también hacen las más modernas con su combinación en una poema
y con su comentario en la vida española del siglo diecisiete. Para   145
Góngora, la vida campesino es mejor de la vida en el corte, y la
gente del campo es de mejor carácter que la nobleza. El autor
expresa estos sentimientos con grandes metáforas y nuevo uso del
lenguaje literario Sus innovaciones con el uso del lenguaje eran tan
influyentes que recordamos a Góngora como el poeta española   150
barroca esencial.

Obras citadas
Beverly, John R. Aspects of Góngora's "Soledades". Amsterdam:
    John Benjamins, 1980.
Chaifee-Sorace, Diane. Góngora's Poetic Textual Tradition. London:
    Tamesis, 1988.
Góngora, Don Luís de. "La Primera Soledad". Ed. por Edward
    Meryon Wilson. London: Cambridge UP, 1965.
Lázaro, Fernando. Estilo barroco y personalidad creadora.
    Salamanca: Ediciones Anaya, 1966.
Wilson, Edward Meryon. The Solitudes of Don Luis de Góngora.
    "Introduction." London: Cambridge UP, 1965.

Esquema del ejemplo 4

I. Introducción (Líneas 1–19). La última frase del párrafo presenta la tesis: Su poema la "Soledad Primera" es una mezcla de las tradiciones épicas y pastorales, pero con un nuevo enfoque en la metáfora en lugar de la tradición de la alegoría para criticar las estructuras sociales de su cultura, e inventar una nueva forma de expresión literaria.

II. La tradición épica (Líneas 20–32)

III. La tradición pastoril (Líneas 33–72)

Reflexiones sobre los ejemplos estudiantiles

Hemos incluido varios ejemplos de ensayos escritos por nuestros estudiantes para estimular su propio trabajo como crítico literario. A veces, leer la descripción de los elementos de un ensayo bien escrito es similar a al acto de leer una receta para un pastel. Se entiende mejor como debe salir el producto final al considerar unos ejemplos. Además, aunque estos ensayos tienen muchas similitudes, difieren en su contenido y en su estructura, a pesar de poseer los elementos esenciales. Le deseamos mucho éxito en sus estudios literarios.

ÍNDICE

VOICE YOUR CHOICE!

HEINLE VOICES: SELECCIONES LITERARIAS EN ESPAÑOL

www.textchoice.com/voices

Truly the first of its kind, this customizable literary database allows you to choose the readings you need to supplement your course.

THE CHOICE IS YOURS!

With the **Heinle Voices Database,** it's easy and affordable to give your students a made-to-order collection of literature that lets you teach your course your way! When you design your custom **Voices** anthology using our easy-to-navigate **TextChoice** website developed by **Thomson Custom Solutions,** your students don't pay for pages they'll never use.

With the **Heinle Voices Database** you can:

- **Preview** selections online at **www.textchoice.com/voices**—see the final page count and format of each reading you select.
- **Assemble** your list of readings—readings can be paginated to your exact specifications.
- **Create** a manageable and quality anthology in a polished format that students can read and reference as they continue their studies in Spanish.
- **Choose** from an extensive library of literature.
- **Add** as much of your own material as you choose.
- **Integrate** multimedia components such as *Atajo 4.0: Writing Assistant for Spanish.*
- **Order** your anthology quickly and easily.

CREATE AN ANTHOLOGY THAT FITS *YOUR* NEEDS

In addition to the pedagogical tools that accompany each reading—such as biographical notes, introductory essays, and analysis questions—the **Voices** literature can be supplemented with as much of your own material as you like. Add your course syllabus, handouts, exercises, paper assignments, student papers, or any other course materials—making it a truly customized text that fits your course.

Selections from
Voces de España: Antología literaria
Francisca Paredes Méndez, *Western Washington University,* **Mark Harpring,** *University of Puget Sound,* and **José Ballesteros,** *St. Mary's College of Maryland*

LOS SIGLOS IX-XIV

❑ Francisca Paredes Méndez, Mark Harpring y José Ballesteros, <u>Inicios históricos de España</u>
  ❑ Various, Las jarchas
  ❑ Anonymous, *El Cantar del mio Cid*
  ❑ Gonzalo de Berceo, *Los milagros de Nuestra Señora*
  ❑ Juan Ruiz, Arcipreste de Hita, *Libro de buen amor*
  ❑ Juan Manuel, *El conde Lucanor*
  ❑ Los cancioneros
  ❑ Jorge Manrique, "Coplas por la muerte de su padre"

❑ Francisca Paredes Méndez, Mark Harpring y José Ballesteros, <u>España imperial (1492–1700)</u>
  ❑ Los romances: "Romance nuevamente rehecho de la fatal desenvoltura de la Cava Florinda", "El reino perdido", "Romances de Abenábar y el rey don Juan", "Una morilla de bel catar"
  ❑ Anonymous, *La Celestina*
  ❑ Garcilaso de la Vega, sonetos I, X y XXIII, "Egloga I"
  ❑ La narrativa renacentista y Anonymous, *La vida de Lazarillo de Tormes*
  ❑ Fray Luis de León, "Vida retirada", "Noche serena"
  ❑ Santa Teresa de Jesús, *Libro de la Vida*
  ❑ San Juan de la Cruz, "Noche oscura del alma", "Llama de amor viva", "Cántico espritual"
  ❑ Lope de Vega, *Fuenteovejuna*
  ❑ Miguel de Cervantes y Saavedra, *El celoso extremeño*
  ❑ María de Zayas y Sotomayor, *Novelas amorosas*
  ❑ Luis de Góngora y Argote, "Letrilla", sonetos LXXXVI y CLXVI, "Fábula de Polifemo y Galatea"
  ❑ Francisco de Quevedo y Villegas, sonetos 29 y 471, "Letrilla satírica"
  ❑ Pedro Calderón de la Barca, *La casa de los linajes*

LOS SIGLOS XVIII Y XIX

❑ Francisca Paredes Méndez, Mark Harpring y José Ballesteros, <u>El siglo XVIII y XIX: El progreso hacia la modernidad</u>
  ❑ Fray Benito Jerónimo Feijoo, "Defensa de las mujeres"
  ❑ José Cadalso, cartas LI, LXIII y LXXIV
  ❑ Gaspar Melchor de Jovellanos, "Elogio a Carlos III"
  ❑ Tomás de Iriarte, "La abeja y los zánganos", "El té y la salvia", "El jardinero y su amo"
  ❑ Leandro Fernández de Moratín, *El sí de las niñas*

Selections from

Voces de Hispanoamérica: Antología literaria, Third Edition
Raquel Chang-Rodríguez, *The City College-Graduate Center, City University of New York*, and **Malva E. Filer**, *Brooklyn College-Graduate Center, City University of New York*

- ❑ Preface
- ❑ Raquel Chang-Rodríguez y Malva E. Filer, **La configuración del mundo hispanoamericano: las raices, la colonia, la independencia (¿?-1824)**
  - ❑ Voces amerindias—los mayas, los nahuas y las quechuas, *Popol Vuh*, poesía náhuatl, poesía quechua
  - ❑ Cristóbal Colón, "Carta a Luis de Santángel"
  - ❑ Bartolomé de las Casas, *Historia de las Indias*
  - ❑ Bernal Díaz del Castillo, *Historia verdadera de la conquista de la Nueva España*
  - ❑ Alonso de Ercilla y Zúñiga, *La Araucana*
  - ❑ El Inca Garcilaso de la Vega, *Comentarios reales de los Incas*
  - ❑ Juan del Valle y Caviedes, "Diente del Parnaso", "Privilegios del pobre", "Para labrarse fortuna en los palacios", "A una dama en un baño"
  - ❑ Sor Juana Inés de la Cruz, "Respuesta de la poetisa a la muy ilustre sor Filotea de la Cruz", "Redondillas", "Sonetos"
  - ❑ José Joaquín Fernández de Lizardi, *El periquillo sarniento*
  - ❑ Andrés Bello, "La agricultura de la zona tórrida", "Autonomía cultural de América"
- ❑ Raquel Chang-Rodríguez y Malva E. Filer, **Búsqueda de la emancipación cultural (1825–1882)**
  - ❑ José María Heredia, "En una tempestad", "Niágara", "A mi esposa"
  - ❑ Esteban Echevarría, "El matadero"
  - ❑ Domingo Faustino Sarmiento, *Facundo*
  - ❑ Gertrudis Gómez de Avellaneda, "Al partir", "Romance", "Al él"
  - ❑ Juan Montalvo, "Washington y Bolívar"
  - ❑ Ricardo Palma, "Amor de madre", "El alacrán de fray Gómez"
  - ❑ Jose Hernández, *Martín Fierro*
  - ❑ Clorinda Matto de Turner, "Para ellas", "Malccoy"
- ❑ Raquel Chang-Rodríguez y Malva E. Filer, **La realidad americana y la renovación literaria (1882–1910)**
  - ❑ José Martí, "Mi caballero", "Sobre mi hombro", "Versos sencillos": I, V, VII, X, XXXIV, XXXIX y XLIV, "Copa con alas", "Poética", "Dos patrias", "Domingo triste", "Nuestra América"
  - ❑ Manuel Gutiérrez Nájera, "Para entonces", "La duquesa Job", "De blanco", "La mañana de San Juan"
  - ❑ José Asunción Silva, "Nocturno (III)", "Vejeces", "Paisaje tropical", "¿?"
  - ❑ Rubén Darío, "Era un aire suave...", "Sonatina", "El cisne", "Yo soy aquel...", "A Roosevelt", "Lo fatal", "Los cisnes", "Canción de otoño en primavera", "El velo de la reina Mab"

- ❏ Baldomero Lillo, "El Chiflón del Diablo"
- ❏ Leopoldo Lugones, "Delectación morosa", "Divagación lunar", "A los gauchos", "Salmo pluvial", "El jilguero"
- ❏ Raquel Chang-Rodríguez y Malva E. Filer, **Continuidad y ruptura: hacia una nueva expression (1910–1960)**
  - ❏ Horacio Quiroga, "El hijo"
  - ❏ Pedro Henriquez Ureña, "El descontento y la promesa"
  - ❏ Delmira Agustini, "El intruso", "Explosión", "Las alas", "Nocturno", "Tu amor"
  - ❏ Alfonso Reyes, "Capricho de América"
  - ❏ Gabriela Mistral, "Los sonetos de la muerte", "Sueño grande", "Pan", "La desvelada"
  - ❏ Alfonsina Storni, "Tú me quieres blanca", "Cuadrados y ángulos", "Peso ancestral", "Hombre pequeñito", "El hijo"
  - ❏ César Vallejo, "Los heraldos negros", "XXVIII", "Voy a hablar de la esperanza", "Piedra negra sobre una piedra blanca", "Masa"
  - ❏ Vicente Huidobro, "Nipona", "Arte poética", "Luna o reloj", "Altazor; o", "El viaje en paracaídas"
  - ❏ José Carlos Mariátegui, *Siete ensayos de interpretación de la realidad peruana*
  - ❏ Jorge Luis Borges, "Fundación mítica de Buenos Aires", "Borges y yo", "El sur"
  - ❏ Miguel Angel Asturias, "Leyenda de la Tatuana"
  - ❏ Nicolás Guillén, "Búcate Plata", "Velorio de Papá Montero", "Sensemayá", "Balada de los dos abuelos", "Un largo lagarto verde"
  - ❏ Alejo Carpentier, "Semejante a la noche"
  - ❏ Pablo Neruda, "Poema 20", "Walking around", "Alturas de Machu Picchu", "Oda a los calcetines", "Estación inmóvil"
  - ❏ Juan Rulfo, "Nos han dado la tierra"
- ❏ Raquel Chang-Rodríguez y Malva E. Filer, **Consolidación y expansion (1960–1975)**
  - ❏ Julio Cortázar, "La isla a mediodía"
  - ❏ Octavio Paz, "Todos santos, día de muertos", "El pájaro", "Dos cuerpos", "Himno entre ruinas"
  - ❏ Emilio Carballido, *El censo*
  - ❏ Rosario Castellanos, "Válium 10", "Poesía no eres tú", "Costumbres mexicanas"
  - ❏ Carlos Fuentes, "Chac Mool"
  - ❏ Gabriel García Márquez, "La prodigiosa tarde de Baltazar"
  - ❏ Elena Poniatowska, "Las lavanderas", "Esperanza número equivocado"
  - ❏ Mario Vargas Llosa, "El catoblepas"
- ❏ Raquel Chang-Rodríguez y Malva E. Filer, **Asimilación y diferencia (1976–)**
  - ❏ Luis Rafael Sánchez, "¿Por qué escribe Ud.?"
  - ❏ Luisa Valenzuela, "Los censores"
  - ❏ Carlos Monsiváis, "Las migraciones culturales"
  - ❏ Rosario Ferré, "La muñeca menor"

- Antonio Cisneros, "Tupac Amaru relegado", "Tres testimonios de Ayacucho", "Las salinas", "Hay veces que los hijos", "Requiem (3)"
- Isabel Allende, "Clarisa"
- Sergio Ramírez, *Catalina y Catalina*
- José Alcántara Almánzar, "En carne viva"
- Ana Istarú, "Y colgaríamos naranjas en cada nube", "El hambre ocurre", "Declaración urgente de amor a los humanos", "Estoy de pie en un sueño"

- Cronolgías
- Guía de material visual adicional
- Glosario de términos literarios y culturales

CREATING AND ORDERING YOUR CUSTOM *VOICES* ANTHOLOGY IS EASY

You may choose content from the **Heinle Voices Database** and place an order for your custom reader in one of the following ways:

1. Make your selections and build your own custom anthology online at **http://www.textchoice.com**. The easy-to-use **TextChoice** interface walks you through each step of the ordering process, including selecting content, creating a custom cover, and getting it finalized.
2. Download, print, and complete the printed order form included at **http://www.textchoice.com** and fax it to the Database Order Coordinator at 800.270.3310.
3. Contact your local Thomson Heinle sales representative or Thomson Custom Solutions to place an order. Call Customer Service at 800.355.9983 for ordering assistance.

After receiving your **TextChoice** fax or phone order, a Thomson Custom Solutions Consultant will contact you to confirm the specifications and price of your book. Within five business days, an ISBN will be forwarded to you. Please use this ISBN to place an order at the book store at least six weeks before the start of your classes to ensure on-time delivery. Minimum order quantity is 10 copies.

Dynamic, interactive resources keep your students learning and exploring

Atajo 4.0 CD-ROM: Writing Assistant for Spanish
1-4130-0060-6

This powerful program—*a 2005 Codie Awards Finalist for excellence in educational technology*—combines the features of a word processor with databases of language reference material, a searchable dictionary featuring the entire contents of *Merriam-Webster's® Spanish-English Dictionary*, a verb-conjugating reference, and audio recordings of vocabulary, example sentences, and authentic samples of the language. With *Atajo 4.0*, students develop critical thinking skills as they learn to read, analyze, make word associations, and understand the link between language functions and linguistics structures.